從尬聊

——附——
百則情境
對話範例

SPEAKING
IN
THUMBS

到穩交

臉書御用心理師的網聊神技，
讓你輕鬆把對方的心聊走！

蜜米·溫斯柏格（Dr. Mimi Winsberg）——著

陳依萍——譯

U0030514

目次

從每條訊息，讀出對方到底在想什麼

　　如果穿著寶緹嘉（Bottega Veneta）包鞋還能踱步的話，我會說艾格尼絲從長長的走廊，一路踱步到我那藏在建築物深處的看診室。她沒有一屁股坐上組合沙發，而是僵直地靠著辦公椅，像是捧神主牌一樣緊抓著手機。她指甲的顏色和裝飾牆、地毯，還有她穿著白色七分褲的雙腿旁包包露出的菸盒一樣──青瓷色。

　　看到她後我打了招呼，等待回應。三十二歲的艾格妮絲，走到哪都很習慣自己是全場最聰明的人，從她的舉手投足可以看出來。她畢業於麻省理工學院，在臉書（Facebook）擔任六級工程師，賺得比外科醫師或頂尖的企業律師還要多。現在她卻皺眉又噘嘴。

　　「我實在搞不懂，」她邊說，邊把光線暗得不像話的手機螢幕推向我。我戴上眼鏡，這是我看診時很少做的事。螢幕上一個名叫傑森的男子在訊息中寫道：「等妳這趟回來後再聊吧。」

　　「怎麼了？」我開口問。

　　他們最近剛在網路上認識，一起度過美好的周末，談天、爬山、烹飪，培養感情。她看到他傳來的訊息，感到受傷又惱怒，但

不知道為什麼。「他這什麼意思？我是要回什麼？」她問。我能聽出她的言下之意：**為什麼我的戀情沒有照著期望走？**

「妳知道鯊魚要隨時移動才行吧？」我說。

「不然就會死掉。」她回答。

「沒錯。大家假定感情就像鯊魚一樣，要不斷前進才能存活，但其實不是。感情的走向很奇妙，有時候根本原地不動。」

艾格妮絲坐上辦公椅，用腳滑動到我身邊，把手機拿給我。我們開始剖析她與傑森的聊天內容，看看眼前要應對的是隻鯊魚，還是存活率高一點的動物。

☛ 在重視數據的時代，我們更想聆聽你的故事

我來講個故事給你聽。

這是我自己的故事，但我當精神科醫師夠久了，知道這故事很常見。我執業超過二十五年，讓我能在沙發上探悉人們的私密生活——他們懷抱的希望、夢想，以及困擾。事實顯示，我們都是感情的動物，當然也是約會慘痛經歷的苦主。我聽過像艾格妮絲一樣五花八門的網路交友經歷，包含了令人振奮的成功、令人驚慌的失敗、心靈契合的興奮，以及遭受拒絕的痛苦。

所以如果我有故事可說，是因為從大家身上聽到很多故事。他們的經歷敘述，都是精神科醫師的生計來源。儘管我們會用藥物來對付精神疾病在生理和基因方面的成因，也就是神經化學物質導致人憂鬱、焦慮、產生強迫心理的狀況，但我們仍透過講述故事作為

一種快速可靠的自我理解手段，而且人人可用。

在精神科中，我們稱之為**啟發法**（heuristic approach）。啟發法是能快速獲取結論的問題解決方法。我們無法分析每個突觸（synapse，指神經元傳遞訊號給受器的特殊接頭）、掌握所有經歷後總結某個人的一切，而且可能永遠都做不到。但是，啟發法提供另一種選擇。透過講述和賦予故事意義，我們可以經歷學習和發現的歷程，並從中得到許多收穫。

就科學觀點而言，講述故事大有問題。在冰冷的硬數據面前，軼事證據被科學視為較劣質的知識。精神科先驅佛洛伊德的記述中充滿了人的感受、印象和缺乏佐證的猜測說法，時至今日多數都遭到駁斥。他本人也表示[1]，他的案例記事就該當短篇故事參考，它們缺乏我們期望獲取的數據，也就是嚴謹的科學認證。他重視的是病患敘述和症狀之間的關聯——應該藉由分析病患對自身際遇說出的故事，來理解精神病症。

我在讀醫學院時，親身體驗到故事對於理解症狀的重要性。我投入亞洲難民營的工作，並在幫助東南亞難民的當地診所擔任輪調人員。許多病人不僅流離失所，也經歷嚴重的創傷。他們說的故事在口譯員轉述下，聽起來很悲慘且令人震驚。有名柬埔寨婦女說到她身心問題造成的盲症——她目睹丈夫被尖棍刺死後失明。如同佛洛伊德所說，她的症狀只能透過她自己的回憶來理解，任何目測檢查或是電腦斷層掃描都無法辦到。這段經歷促使我走上心理健康照護這條路。雖然我當時是個年紀輕輕的醫學生，但傾聽病患故事的意願可以發揮強大力量，改變他們的人生，也改變我自己的人生。

畢竟人都是這樣。我們講述著關於自己和旁人的故事，有些真實，有些遭到扭曲，也有些根本是虛構的。身為一名精神科醫師，我受到的訓練是用特定方式來聽取病患的故事——釐清他們的過往、家庭背景、症狀以及困擾。我一部分的職責是，協助病患換種方式，重新講述自己的故事。

當然，我做這行時聽聞的許多故事和愛有關——愛是偉大的故事，賦予我們人生意義。關於愛這種故事，我們總是先說給自己聽，然後說給他人聽。

三年之間，我都在創造線上人際溝通主要方式的功臣（或主謀）這裡聽故事。我在臉書聽矽谷內部測試及封測人員，包含顛覆者和發明者們說故事。他們是「演算法」的發明人和引導者。演算法是宣稱能促進人類更深度交流的複雜程式碼，但這些人不只在當時，現在也還是我的病患。那些知道你行為背後因素的天才，我知道他們行為背後的因素。

👉 長期諮商訓練下，輕鬆讀出人際暗號

現在，我承認即使講了這麼多故事的重要性，我也沒辦法對科技的魔力免疫。在臉書等地方，我親自體驗了數據的力量。在這個講究大數據和量化結果的時代，現在就連奠基於無形情緒的精神科學，也感受到這股影響力，走向了數位化。

我很幸運能置身事件核心，協助數位健康照護公司走在前端，將資料科學、量化照護，乃至於人工智慧，應用於人類行為及相關疾病

的研究。我和他人共同創立 Brightside Health，這是一間結合科技和心理健康的行為健康照護公司。我們利用遠端醫療的方式治療憂鬱和焦慮症，透過先進科技幫助病患和服務供應商選擇療法方案，並進行照護管理。病患長期以來仰賴診所專業人員進行診斷解析和療法選擇，現在我們則越來越借助機器來辨識真人時常忽視的跡象。

過去五年來我在數位健康照護領域的工作，主要是訓練機器辨識訊息中顯示的群發症狀。換句話說，就是利用科技審視大眾的數位溝通，並找出行為健康方面的重要事實。身為健康照護的龍頭公司，Brightside 不僅在診斷（辨識精神疾病徵兆）和分級（判斷疾病嚴重程度）方面，也在妥善選擇精神療法方面率先取得新進展。實際上，我們努力以數據來理解內在的心理狀態及外顯的行為，不僅訓練機器思考（think），也教導它們「精神診療」（shrink）。

除了這個大數據（Big Data）的趨勢，我也看見「大數據交友」（Big Dating）的興起。任何有真正價值的科技都會迅速受到採用，以符合我們最主要的需求。因此，隨著個人和行動裝置運算技術問世，有可能網路交友在一、二十年間便不再小眾，而將成為主流。超過五千五百萬[2]美國成年人表示曾經或正在使用交友軟體找對象，光是 Tinder 每日的滑動數就高達十六億次。在不到一個世代中，大數據就顛覆了找尋伴侶的過程。

我親身體驗到它的影響力。在我開始於臉書當駐點精神科醫師不久前，十六年的婚姻剛畫下句點。我們兩人的關係只剩下一起經營家庭，雖然還是有知性的交流，但感情上已經形同陌路，因此我們友善地分道揚鑣。

我知道後路是什麼——交友軟體，我也不排斥。我很快就開始每天滑對象，想尋找那個特別的他……或只是看看。我發現自己沒料想過的事——我所受的訓練，像是專門讓我來做這件事似的，我的看診經驗與約會風格互相成為參考依據。我對資料分析的熟悉度也發揮作用，很快就從打字聊天的內容，找到暗藏的寶貴資訊。我察覺自己有種特異的能力可以看穿（說實話，有時還能預先「診斷」）交友軟體上遇到的人，且通常只要傳幾則訊息就能做到。

　　在這個心理學、科技和感情交會的路口，我開始近距離、清晰地觀察人性。這是我真正確實親身經歷的過程。我開始發展自己的啟發法，像是訊息解讀師般，開始判讀私人對話內容。

☞ 解讀文字背後的欲望、心理與人格

　　「你在幹嘛？」一則新訊息寫道。

　　問我在不在是要做什麼？他真正要講的是什麼？

　　我們都幹過這種事——瘋狂想解讀潛在對象的話中意涵；從回訊快慢來找蛛絲馬跡；納悶為什麼「打字中」的三個圓點出現之後又沒下文。想對這些短短的片刻賦予意涵，是愛情喜劇中常出現的老哏。

　　不過呢，說到老哏，很多都是有事實根據的。我們溝通方式的轉變呼應一個普遍的事實：感情關係變得更複雜了。現在談的已經不只是「我要和誰約會？」而是「我一次要跟幾個人約會？」「我在性別和性傾向上要怎麼界定自己？」我們想知道由誰先開啟話

題，還有由誰來延伸話題。我們面臨變化多端的性別常態，以及越發複雜的自我認同。我們尋求互動，我們渴望心靈交流，我們談起以前從沒談過的事。

而且我們是用文字來談這些事。傳訊息是現在最普遍的溝通方式，這迫使我們只能仰賴文字（當然還有表情符號），缺乏肢體語言、眼神交流和身體姿勢可供判斷，也無法聽出語氣、抑揚頓挫和音量，因此用詞、語義和文法必須要傳達出更多意義。現在我們只能靠言語本身來負責吃重的工作。寫字——應該說是動手打字，把表達情意的線索壓縮後，塞入一則則訊息裡頭，然後再用一套新的技巧來拆解和判讀。

數據的英文「data」，來自於拉丁文的「dare」，意思是「給予」。法文的用字是「les données」，指「給予物」。別忘了，在充斥科技的生活中，每點一下螢幕或是敲一下鍵盤，我們都把自己的一小部分「給」出去。我們留下了像是飛機雲般的數位排放物，代表自己的印記、自己的欲望、自己的心理狀態，甚至自己的人格。

「網路交友」的「dating」，等同於「網路數據」的「data」嗎？個別訊息所附帶的「指紋」，是否有助於我們理解整個網路聊天的過程，並解析後續在線上和現實生活的尋伴行為？

☞ 不靠對方的嘴，也能聽出精髓

有時候對於一個人最清楚而不偏頗的意見，來自於初相識的時候。這時候我們的腦袋還沒發揮說故事的功能，對他做出一套描

述；我們還沒有動真情，也還沒去細細呵護初萌芽的感情。最能一探某個人虛實的，不就是他最初傳的訊息嗎？只要用對方法，就能用這些聊天訊息窺探他的心。

我們傳的訊息，也反映出找對象過程中創造健康溝通模式的關鍵因素。一個人或一對情侶的特質，就顯示在手機當中，在受過訓練的人眼中一覽無遺。讓我們心碎的那個人在所有格上明顯透露出自戀傾向；注意力短得像小狗的那個人，從一開始就罵太多髒話；好不容易約出來吃飯的人，在個人檔案上放的根本是「照騙」；或是相談甚歡後搞失蹤的情況，這類嚴重缺點可能都躲在平凡無奇的字句裡。

本書將指引你分析約會和戀愛時的聊天訊息，協助你避開交友世界的糟糕經驗，讓你眼睛更雪亮，能夠理解和辨識出個性、依附類型乃至於精神病理學各層面的關鍵要素。

我會據實以告，開誠布公。我們會一起檢視實際的訊息內容，讀出字裡行間的意涵。我們會檢視你可能經歷過、將會遇到的，還有理想上會有的聊天內容。這些雖是私人之間的對話，卻也反映出每個人對交流的渴望，以及尋覓良緣時會有的失落和苦樂。

根據我的親身經歷和專業智識，我們會一次看一則對話，磨練出分析眼光，找出在心理層面適合你的對象。本書第一部看的是訊息能傳遞出哪些個人特質，第二部著重找出擇偶所需的特質，第三部把交流的訊息內容當作是感情關係走向的「病歷」，以找出重要的轉折點和斷裂點。我們會解讀戀愛訊息背後真正的意涵。

我們將一起跳脫靠嘴說的語言，好好搞懂打字的語言！

第 **1** 部

初識階段

解讀打字看不出來的事

01

啾咪到底什麼意思？
網路交友的三個矛盾

> 西尼德：軟體上寫我們94％速配耶！
>
> 羅莎琳：我這也是耶。乾脆讓我們的檔案手牽手去約會，我們繼續在這裡打字好嚕 😉

　　照片好看，自介有意思。你手機打開的軟體中，那張對著你發光的臉，似乎跟你想要的都一樣。某處的某個人或者是演算法，判斷你們94％速配——先不管那什麼意思。你的手指準備右滑表示喜歡，心想著對方八成也會右滑，跟你配對成功。再怎麼說，94％速配的話，對方必定也會注意到吧？接著你們會成功配對，接下來的順利進展就不用多說了。

　　要是事情這麼簡單就好了。

　　傳個沒完的訊息、短暫的會面、對網友暈船，想像對方會是你未來的另一半——這些種種都成為網路交友的主幹，充滿著興奮、期待及熱情，也會感到乏味、疏遠和單純的倦怠。要用一點來總結

網路交友的話，那就是裡頭充滿矛盾。

　　儘管我的職責是要理解人類行為，我也會跟著網路交友的起起伏伏七上八下。我們總會帶著過多的期待啟程，然後得到眼花撩亂的選擇、一窩蜂的追求者，以及一名科技奇才在幕後掌控一切。不過，我們知道這過程耗費心力，因此也準備好面對失望。這是一個包含著期待落空的故事，是段充滿矛盾的歷程。

　　我有次這樣開啟一段對話：

我：嗨，馬克

馬克：蜜米，妳好啊。很高興和妳聊天

我：我也是。認識有趣的人很開心。

馬克：我一定盡量不讓妳失望。

　　我是說「開心」和「有趣」，馬克的回應則是「失望」。他一下子就顯露很多人的習慣，就是準備好在希望之前遇見失望。他用開玩笑的語氣，認定這是一場他可能會玩輸的賭局──透過降低我的期望，來讓整件事變成低風險的賭注。不過，馬克仍指出關於戀愛的一件真相：最不穩定的一點，必定是其中的不確定性。我們會說「墜入」情網，就是因為這過程令人感覺難以控制。

　　有名病患在經歷慘烈的失戀後，對我說她暗中想要「玩贏交友軟體」。這是個美好的幻想，但現實更像是走進賭場，雖然我們會

想要大贏一把來反轉人生，但贏的總是莊家。網路交友要看運氣，當參與的人遵循常見的建議去「大方展示自己」時，就面對難以避免的風險。準備失望，恐怕只是玩軟體的入場費。

從訂披薩到叫車，科技讓我們生活很多層面免去麻煩，因此我們也有意無意地期望作為科技產物的交友軟體，為我們減少不確定性。一旦這種期望高到天上去，便不太會有令人滿意的結果。

我聽人們談到使用交友軟體的經驗時，總會有一連串的抱怨：談話沒有進展、約一次後就約不出來、搞失蹤，還有常聽到的「爛演算法」。我也發現有人用忐忑的心情，無止境地追求完美。有人說：「男人就像公車一樣，去了一台又來一台。」配對結果居然像免洗用品一樣，而不是代表著有血有肉的人。聊天變得像是一場場交易，隨時可被替代。每個人都做出某種錯誤假設、扭曲的認知，以及費解的結論。我們都成了矛盾下的囚徒。

本章當中，我們會探討網路交友相關的悖論（導致矛盾的命題）、這些悖論對我們有什麼影響，以及背後的神經科學原理。我們也會探索要如何把掌中使用的軟體當成工具來使用，而不是反過來被工具操弄。這個過程當中，我們會透過許多實例，教你要怎麼讓言辭對自己有利。我們必須正視對於「媒介」（medium）愛恨交加的情感，才能夠開始應對「訊息」（message）。

☛ 熟悉感悖論

我們比較容易受到熟悉感還是新奇感吸引？

當肯：妳好呀～我喜歡妳的自介。寫得很真實！

當肯：妳一直住在倫敦嗎？

當肯：期待妳的回覆！

莎拉：嗨……

莎拉：沒欸，我不是一直住倫敦，我是從加州來的

當肯：啊，我在加州住過十年，很喜歡那裡。

當肯：妳今晚要幹嘛？

莎拉：我要出去，找朋友喝幾杯

當肯：我想請妳喝杯雞尾酒……

當肯：是女生限定場嗎？

莎拉：是女生限定場無誤……

當肯：那我要去 Hawksmoor 買頓好吃晚餐

莎拉：喔不，Hawksmoor 的牛排很適合配酒欸 😆

當肯：我白天會去蘇荷區，妳在附近的話可以一起喝杯咖啡

莎拉：噢，謝謝你，不過我明天有事耶。

當肯：那我禮拜天就窩在家裡吧。

莎拉：窩在家裡喔……禮拜天就是要這樣啊。我是那

種禮拜天早上要喝咖啡配報紙的女生。我會期
待一整個禮拜，哈哈

莎拉：我剛把茶壺拿去加熱

當肯：妳在煮茶喔？

莎拉：對啊，在我三十二歲的身體裡，住著九十歲老
太婆的靈魂。我很宅，喜歡煮東西、看書、聽
唱片、喝熱飲。

當肯：好可愛。我喜歡電熱毯！醒來的時候用最
讚……天氣很冷……打開電毯，感覺超幸福！

莎拉：真的超讚。我以前會在床單下面放電熱毯，上
床前先打開，就有暖暖的床可以躺，真的很幸
福。

當肯：我也是欸！我們都喜歡這麼愜意。當然啦，抱
抱是最最溫暖的啊 😊💕

莎拉：是沒錯。但是沒那個命的話……就靠電毯加熱
茶啦。

當肯：……笑死，妳好可愛

　　當肯和莎拉開始往剛剛好的熱度走。應該說，他們還要再加溫
才會有剛好的熱度。不過聊了電熱毯還有熱茶後，莎拉開始暖了起

來。要是莎拉說出她吃素，當肯大概會立刻打消吃牛排的計畫，說起他多愛櫛瓜。不過，她安心地知道兩人都喜歡小確幸。她的訊息顯示自己是個喜歡舒適多過於刺激的人。

每個人都落在這個光譜中。其中一端是追求新奇感，另一端是避免受傷害。精神科醫師羅伯特・克勞寧格（Robert Cloninger）[3]闡述過這個主題。他主張，注重尋求新奇感的人，普遍更受到較陌生和不避險的事物吸引。極端一點來說，他們畢生要做的事情可能包含高空彈跳、登山冒險或甚至特殊的性癖好。中等程度的新奇追求者則滿足於嘗試新食譜，或是去賣場沒逛過的店家。相對地，高度避免受傷害的人尋求安全和熟悉感，很少會踏出自己的舒適圈。下一章我們會探索如何單憑傳的訊息，辨識你的聊天對象屬於哪一類。

現在，我們來看看另一對更愛冒險的人。布瑞特妮和凱文都二十多歲，一開始就大談性幻想，第一次聊天就放得很開。他們顯然都較喜歡陌生事物帶來的刺激感，多過於日常和熟悉的事物。

> 布瑞特妮：我怎麼覺得，你的性幻想是迷昏沒防備的女人，等她們醒來後才發現被銬在你的極樂地牢啊
>
> 布瑞特妮：這樣的話，安全密語要用葡萄柚喔
>
> 凱文：妳漏掉這個重要情節了～我被偷偷注射 K他命，然後走進房內失去意識，醒來被綁在四角固定住的床上

凱文：整個大反轉欸！

凱文：要喊停的時候還是用葡萄柚當密語喔

　　熟悉感分成好幾種，每個人受新奇感吸引的方式也不同。不過，我們在決定要不要往下一步走之前，我們「想要」了解陌生人到什麼程度？我們越了解一個人，越可能右滑嗎？換句話說，資訊會加強還是妨礙建立第一印象？

　　有項研究顯示，我們越直接了解一個人，喜歡他們的可能性反而會降低。另一份研究則表示，熟悉感會引發好感和魅力。兩者之間的矛盾要怎麼化解？

　　麥克・諾頓（Michael Norton）[4]是哈佛商學院行為洞察社（Behavioral Insights Group）的一員。他致力於解答人類在愛情、金錢和快樂方面行為的相關疑問。他想知道，越是了解一個人（或是他們的個人檔案），是否會越受吸引。他和研究夥伴珍娜・弗羅斯特（Jeana Frost）還有丹・艾瑞利（Dan Ariely）注意到，整體滿意度和投入程度都會在初識後迅速下滑。他們想找出原因，因此做了好奇學者都會做的事情，也就是設計研究。

　　諾頓等人找了數百名交友軟體使用者，給他們看潛在配對對象，並從兩百種個人檔案特質中隨機選出一到十項——例如年齡、收入、運動習慣或是宗教。接下來請受試者為潛在對象的檔案評分。值得注意的是，受試者看過越多對方的特質，給的評分就越低。換句話說，他們聽聞越多潛在對象的事，對方的吸引力就變得

越低。

　　諾頓說他們團隊的人對這結果不意外，但玩軟體的人卻通常會很驚訝。他說道：「一般人會以為[5]越了解一個人，會對這個人越有好感，因為我們生活中所愛的人，都是我們很了解的人。」

　　諾頓接著說：「不過，這是因為對於很多人，我們從來都沒給過機會。**我們先挑選出自己有好感的人，才去深入了解對方。**」

　　他們的研究總結，對於某個人的模糊和曖昧資訊會引發好感，反之就如俗諺說的「熟悉生輕蔑」。研究者表示，一般而言了解潛在對象越多事情，期待感就會變得越低。

　　我朋友瑪格莉特嘗試過認識很多人，多到可以和我一起寫這本書了。她說：「最糟糕的，就是一開始沒能保持一定的神祕感。」我也非常認同。看看以下我和道格的第一次對話，我對他的興致一下就消失得無影無蹤：

> 我：你在威州哪區？

> 道格：史蒂芬斯角

> 我：喔喔，我讀醫學院時住在明尼蘇達。跟著大學時期的男友搬過去。

> 道格：這樣啊～妳覺得網路交友怎麼樣？能問妳最近才單身，還是單身一段時間了嗎

> 我：這個喔，我之前結婚很長一段時間。現在享受著

沒婚姻的生活。為什麼想問？

道格：就想先有個底吧，我覺得這過程很麻煩。

道格傳的最後一條訊息，就像是在面試工作時，抱怨早上要先刮鬍子才比較體面。就算他說得沒錯，也不會靠這點拿下職缺。義大利語有個字叫作「spressatura」，指刻意的淡然心態，或是雲淡風輕的雅致。基本上，就是表現出一派輕鬆的意思。雖然我不會把這個作為追求的特質之一，但老實說，一開始沒有點這種雅致，就沒有魅力。了解道格這個人感覺像是件苦差事。

為什麼更了解某個人會讓我們退避？諾頓等人發現[6]，大家會注意到個人檔案上自己不認同或是不喜歡的事情，然後興趣就會下滑，因為期望會隨著知道的種種資訊而被拉低。倘若只有曖昧不明的資訊，我們還是能把想像中的特質投射到對方身上，因此保持高度期望。知道太多只會戳破粉紅泡泡。

他們進一步研究。接下來的實驗中[7]，研究者調查兩組軟體使用者。一組人回應有關未來排定約會的問題，另一組人回應已經經歷過的約會。期望遠遠超越實際。約會前的分數大幅領先約會後的分數。想像未來的約會，居然比實際約會本身的滿意度更高！

諾頓說出另一項令人消沉的發現：「與線上配對對象約出去越多次的人[8]，對於最近期的約會感受越差。」也就是說，有越多可比較的參考，有越多可回溯的經歷後，讓人更容易批判。擁有越多選項，人就會變得越挑剔。諾頓注意到，很弔詭的是，這些人對於

下一場約會的態度和一開始一樣樂觀。他們高估先前的約會，卻沒學會要調整對未來的期望。

所以熟悉真的生輕蔑嗎？真實世界中其實不然。諾頓表示，一旦經過初步篩選，我們決定要好好互動和了解對方後，越多互動能增進親近度和感情。

哈利‧萊斯（Harry Reis）[9]是羅徹斯特大學（Rochester University）的心理學教授。他觀察戀愛的另一面。他研究了影響社交連結頻繁度和親近程度的因素，尤其是這些因素對於親密感、依附模式及情緒控管的預測效果。萊斯等人發現，有信心對方會回應、在與對方的互動當中更自在，並且對對方的了解認知度（覺得自己開始了解對方的感覺）增加後，能帶來好感和吸引力。

這些因素很符合直覺。不過，對某些人來說，還有另一個矛盾存在。許多人在發現聊天對象的「缺點」時會更加自在。或許我們想要在一開始就看到一些缺點，譬如打錯字的親切感、個人檔案照片中臉部不對稱，好過於一開始認定某個人很完美，後來才感到失望。

班內特在我們初識的談話中談到不完美的概念。

> 班內特：這輛單車看起來不錯。我私心喜歡稍微不完美的齒輪。十六世紀的日本茶聖千利休說過：「茶室裡，所有器具都要有所不足。」可能因為這樣，我不會想去比鐵人三項吧？
>
> 我：我看過一部電影在講不完美的哲學。我把這點套

用在自己的皺紋上。完美的不完美，對吧？

班內特：這就是侘寂*的精髓啊：不完美和年齡增長的
韻味。還有妳說什麼皺紋？我都沒看到啊

我：嗯～你可能要檢查視力喔。有老花眼鏡嗎？

班內特：有喔，我現在戴著

我：我人生第一次用老花眼鏡，看到臉上有皺紋還嚇
一跳，之前完全不知道！

班內特：沒戴眼鏡的時候，生活變得有朦朧美。

班內特：世界變得像是 1970 年的 Vogue 雜誌畫。這
樣世界就算差一點也無所謂。

　　缺點讓人更容易親近嗎？交友常常伴隨著幻想破滅的過程，因
為我們在網路上找到的天菜出現瑕疵。如果先從現實開始，然後在
墜入情網時開始產生美好錯覺，或許這樣反倒更好。

　　無論原因如何，在熟知事物中獲得的自在感，以及陌生事物
中感到的興奮和失落感，兩者之間的取捨總是存在於網路交友
中。尋求新經歷總伴隨著冒險，我們必須放下一些安全感，才能
找到安全感。我們尋覓愛情時擺盪於熟悉和陌生之間，本身就存
在著這種衝突。

---

* 　日文，讀音作 wabi-sabi。

我們追求相同，卻也有差別的人

　　這整個對於自在和新奇的討論中，有個特殊的波折，是我在替病患看診的這幾年觀察到的。他們受吸引的對象不是自己通常會喜歡的型時，我察覺他們是從對方身上嗅聞出一點熟悉的味道，甚至像家人的感覺。**吸引力的最佳註解是類似於熟悉物的新鮮事。**我們比較不會被太熟的人吸引，因為我們認定摸透對方的缺點。不過，熟悉感在感情當中還是有其重要性，因為這讓我們能對另一個人產生共鳴，如果他的個人檔案符合我們先前期望的伴侶條件就更好了。所以，最容易吸引我們的，可能是「循序漸進」的新事物，也就是熟悉感外加一點變化。

　　我開始和波羅聊天時，我們有很多共同點，包含興趣、政治立場和品味。接著他讓我感到驚喜。

> 波羅：問妳喔～算是個試水溫的問題啦⋯⋯妳對手槍射擊有興趣嗎？
>
> 我：你打算射誰？
>
> 波羅：這個喔，要先練好再決定射誰吧⋯⋯
>
> 我：你有槍？
>
> 波羅：最近剛入手。
>
> 波羅：還不知道買來幹嘛。
>
> 我：準備在末日來臨對付喪屍

波羅：可能也算喔

我：你選哪款的？

波羅：九釐米

我：彈藥？

波羅：靶場專用

波羅：我只有一百發左右……加州管得滿嚴的

我：我知道

我：內華達也是

波羅：不過我們可以一人五十發。

我：我剛好要去那邊買肥肝*耶

波羅：是不是！

波羅：Thelma & Louise & Julia 那間餐廳……懂吃！

我：別人可能會建議我不要周末和陌生人出遠門，尤其對方有槍。

波羅：確實。

波羅：我鑰匙給妳吧。

---

* 法文 foie gras，用鴨或鵝的脂肪肝製作成的高級料理，但因製作過程強迫灌食鴨和鵝，不人道的手法已導致許多國家禁售。

> 我：哈哈～什麼的鑰匙？

> 波羅：鎖槍盒啊

> 我：吼～還以為你要說通往你心裡的鑰匙咧

> 波羅：我們慢慢來嘛

　　我沒有真的要加入美國全國步槍協會（National Rifle Association，NRA），不過我覺得被波羅吸引。他很有學識，在很多國家住過，心思細膩。他還有把槍，能幫我劈柴。他給我熟悉感，但又加上變化。

　　《誰在操縱你的選擇》（*The Art of Choosing*）[10]作者心理學家希娜・艾恩嘉（Sheena Iyengar）研究了這個概念，她與研究團隊觀察眾人如何擁抱新事物。他們給受試對象看有各種選項的物品，像是鞋子或墨鏡，然後請他們就喜歡程度和奇特程度個別給分。

　　艾恩嘉發現，多數人「認定」自己喜歡比大眾品味奇特一點的東西。事實上，大部分的人都喜歡一樣的東西，還有喜歡自認為稍微與眾不同的物品。多數人不會選擇真正標準款的鞋子或是墨鏡，但也不會選擇真的很冷門的款式。他們想要的是稍有特色的東西。這就是「相同卻也有差別」。

從長相、經歷到說話風格的熟悉感

　　我們來看看索蘭芝和詹姆斯剛認識時傳的訊息。索蘭芝是三十幾歲有見識的心理學家，熱衷於網路交友。她和詹姆斯很快就聊

開，因為他們自認對理念和生活型態有相似之處。不過他們的對話中也參雜了對於未知事物的刺激感。

索蘭芝：嗨，詹姆斯。你照片透露出的氣質很棒。我和你一樣愛玩愛享受，也愛奶油麵包搭配漢堡，還有穩定的多重伴侶關係跟卡拉 OK！你都唱什麼歌？

> 詹姆斯：嗨，索蘭芝。我喜歡妳講話直白又得體，在交友軟體上很少見！

> 詹姆斯：〈旅行〉和〈芝加哥〉是我最愛的歌。妳相信我去的一間卡拉 OK 居然規定不能唱芭樂歌* 嗎？這什麼爛規定。

> 詹姆斯：認真說，我很高興妳也是多重伴侶。妳目前的經歷怎樣？

索蘭芝：卡拉 OK 怎麼可以禁唱芭樂歌？！芭樂歌根本是專為卡拉 OK 設計的啊，或者說卡拉 OK 是專為芭樂歌設計的吧。

索蘭芝：多重伴侶的經歷喔，說來話長。我有過單一伴侶和多重伴侶關係，後者居多，但我覺得它

---

* ballad，指押韻的敘事詠唱歌曲，或流行的「抒情歌」、「慢情歌」。「芭樂歌」是台灣早期的音譯。

比較偏向一種心態或哲學，不是一套完全不同
的準則。我喜歡每個伴都可以控制好自己的嫉
妒心和不安全感，而不是拿這些來判斷對方夠
不夠愛、認不認真。我覺得愛是多到可以分給
每個人的，而不是只能獨占的。你覺得咧？

詹姆斯：我多重伴侶一段時間了，一開始是想要改造
自己，探索新事物，現在探索期已經過去了，
我知道自己想要什麼，也正在尋找。不確定自
己要什麼的時候，找起來很簡單，但知道具體
目標之後，找起來就不容易了。

詹姆斯：我覺得多重伴侶是我一生的課題，用來突破
自己對於愛的障礙，切割我之前通通混在一起
的事情。妳最近想見個面嗎？我想我們至少可
以放下防備，做點心靈上的交流。

　　索蘭芝和詹姆斯透過共同經歷營造出熟悉感。他們從一開始就
在訊息中相互應和。不只如此，多重伴侶的主題和在生活中有其他
對象的可能性，為他們兩人的話題添加更多深層的討論。這些事情
從類似處出發，但因新鮮事而更刺激。
　　吸引我們的不只是熟悉的性格，我們還會受到與自己長相有
點像的人吸引。在一份研究中[11]，挪威伴侶對另一半經修圖後稍
微更像自己的照片，評出來的魅力指數會更高。（這裡的關鍵字

是「稍微」。超過22％的相似度，會讓另一半變得噁心。）同樣道理，類似說話風格的伴侶[12]比說話方式不同的伴侶更能走得長久。以索蘭芝和詹姆斯傳的訊息而言，他們聽起來像是同一個人在說話。

他們訊息中還藏著別具意義的特色。他們說的話像是針對多重伴侶進行論述，很少有打情罵俏的內容。確實，他們一來一往談到卡拉 OK，但除此之外都是在吐露私人想法。雖然他們講的是性關係，但對話本身缺乏挑逗。他們感覺是透過談論親密事物，拉近彼此的親近感，而不是親自上演親密的舉動。顯然兩人都想被視為具備性魅力，且要判斷他們是否「性」趣相投，這麼做很有意義。不過，對話中缺少了一點火花，或者是所謂的化學作用。**光是「說」要有心靈交流，不等於實際有了心靈交流！**

我對他們的質疑，確實在現實中印證了。索蘭芝接受詹姆斯的邀約，他們過幾天後一起小酌。詹姆斯在吧檯椅子上坐得很僵硬，完全不如索蘭芝想像的那麼自在。他甚至沒有嘗試半點肢體接觸，在訊息中可以分給每個人的愛，實際出場時卻成為尷尬的對話。他們後來再也沒碰面了。

這種結果實在很常見。雖然交友網站受到廣大群眾使用，但皮尤研究中心（Pew Research Center）[13]近期產出的一份報告顯示，每十個美國人中，只有一人和交友軟體認識的對象穩定交往。近期整整有45％的使用者表示他們用起來感到挫敗。

訊息中隱藏的負面人格特質

　　我們來看看年值四十二歲的丹娜和戴爾之間初識的對話。丹娜是名護理師，有兩個小孩，想要找對象，但她已經單身好一陣子，感覺自己沉入網路交友的泥淖裡面無法前進。他們到目前都還算是愉快而有來有往，但丹娜突然決定要退出：

> 丹娜：我可能不適合你。我是個膽小又無趣的老阿姨。雖然偶爾會找點刺激，做點床上運動，但大多數時間都是個居家的單親媽媽。倒胃口吧。

> 戴爾：欸，我更是個無趣的中年大叔啊，當單親爸爸的時間還比妳更長。沒有要跟妳互比的意思。況且我跟妳聊得很愉快啊。

> 丹娜：但我每天要工作十七個小時耶，而且還有其他原因。我生完雙胞胎之後整個大消風，身體比其他同年紀的女人還糟糕。你應該不會覺得需要腹部拉皮的女人很性感吧。

　　丹娜自貶的話透露出核心人格特質，以及潛藏的自毀傾向。我們在下一章會談訊息透露出哪些人格。現在，先注意她迫切需要避開失望和遭到拒絕。對她來說，傳訊的甜蜜與現實之間的鴻溝大到無法跨越。對於許多網路交友過的人而言，她的感受非常引人共鳴，無論我們是否向陌生人坦承過。這是段充滿希望、恐懼與失落

的經歷。

　　儘管如此，還是會有個不斷出現的矛盾：雖然大家會抱怨遇到的狀況，但還是沒辦法放下手機。包含丹娜在內，網路交友有股魔力會讓人回頭繼續用。

　　希拉和尼爾的聊天內容總結了這一點。希拉三十一歲，在網路交友經歷過不只一次情傷，但沒讓她停止嘗試。她和尼爾成功配對，兩人長談彼此的情史。尼爾常常想要去拯救看起來需要幫助的女性，然後擔心自己不能抽身。

> 希拉：你覺得這讓你一直陷入糟糕的感情裡嗎？
>
> > 尼爾：有可能。我以前沒和別人說過這個耶。很高興和妳聊。真的聊得很深入。
>
> 希拉：我之前花兩個禮拜和一個男的曖昧，結果他居然有個穩交的女友，他在考慮跟她同居，卻同時和另一個女生發展新戀情。
>
> > 尼爾：太渣了吧！😠 還好我沒跟女友同居
>
> 希拉：女友？ 🤨
>
> > 尼爾：我是說前女友。

　　看不出來尼爾是不小心說溜嘴，或者他真的已經結束那段關係。無論怎樣，有沒有尼爾無所謂，希拉會繼續嘗試網路交友。

交友軟體上的化學作用

克里斯是二十八歲的私募股權投資人，他說：「我得移除這些軟體才行，不然很容易就會被吸過去，然後不知不覺就過了好幾個小時。我現在跟一個巴西的肚皮舞孃在聊。」

交友軟體是新式的吃角子老虎機嗎？

就像任何會促進化學物質分泌的成癮行為，交友軟體的設計方式就是引發你每次接受少量的快感。當人將要體驗到獎賞時，神經化學物多巴胺會釋放到腦內。讓你有舒暢感受的不是多巴胺本身，樂趣和愉悅感實際上是受到腦內啡的調節。但多巴胺輔助大腦辨識出誘因和即刻的快感。多巴胺的訊號就是大腦說出：「注意，你將要得到獎賞——記住這一刻，之後要重複做同樣的事。」獎賞可能是食物、親吻、藥物或是賭金，甚至是做運動或觀賞體育賽事。神經科學家將多巴胺（dopamine）簡稱為DA，用於學習和加強帶來良好感覺的活動。

多巴胺調控有關欲望、動機、努力、熱情、毅力、新奇和獎賞的行為。這些行為在獎賞有著不確定性時更容易顯現。給一隻老鼠拉下後可獲得食物的桿子[14]，你會發現在獲取食物前牠的多巴胺會暴增。時間一久，老鼠每次拉桿子都能得到食物後，多巴胺的反應會削弱。食物還是能帶來快感，但已經成為已知而確定的獎賞，因此多巴胺退居後位，不再主導老鼠的大腦迴路。

然而，如果是間歇性地提供食物，且只有隨機拉下某些桿子時能獲得，在食物出現時，老鼠大腦的多巴胺迴路就會像是聖誕樹

一樣閃閃發光。就像是沉迷吃角子老虎機的人，老鼠會放棄其他活動，幾乎所有時間都不斷去拉桿子，來看是否能拿到食物。對大腦來說，賭博比確定能得到的東西更能勾起興趣。

使得社群媒體和交友軟體易讓人上癮的，就是人類行為難以預測的性質。你的貼文可能得到很多讚或很少讚，右滑後可能會配對成功也可能不會。新的訊息傳來，可能會帶來開心或是失望的感受。就像在賭場一樣，你周圍充滿亮光和鈴聲，隨時有人會贏得賭注──但時機不定而難以預測。

多數人都把手機放在觸手可及的地方，夜裡手機也放在床邊。交友軟體可能一路用到進入夢鄉前，也是起床後做的第一件事。甚至有人創造了個偽希臘字叫作「nomophobia」（沒手機恐懼症），來表示不用手機時的感覺。一份 2011 年的研究當中，三分之一的美國人在問卷中表示，寧可放棄性愛，也不要放棄用手機。而且，當時手機才剛進步而已！實在很難想像為了口袋裡的螢幕，有多少活動被放棄或疏忽。

習慣和成癮之間只有一線之隔。習慣是不需經過多少思考就會做的行為，因為受到有意識和無意識的加強而培養出來。習慣可以是有益的事，像是用牙線和運動；也可以是有害的事，像是抽菸和吃點心。當行為太常出現且變得克制不了，對行為人造成損害或是奪走生活中的重要面向，阻礙他們正常行使生活機能，就稱為成癮。

滑手機可能會變成一種成癮行為嗎？鐵定可能，端看這對你的生活和人際關係造成什麼衝擊。交友軟體只是科技產業眾多的致癮衍生物之一，設計上就是要讓使用者落入「等等，還有更多」的心

態。擁有這些選擇和連結的代價，就是變得更少關注面前事物，並且與現實脫軌。

👉 選擇悖論

「我開始和人約會一陣子後，感覺交友軟體好像知道我的手機都在同個地方活動，開始通知我各種新的可能性，總會想去滑一滑，看看有什麼更好的選擇。」葛拉罕如此說道。他是四十歲的創意總監，每隔幾周就快速結束一段關係，換成新對象。

我不確定交友軟體是不是真的內建這種監控功能，但我確實知道的是，葛拉罕被選擇的難題纏上了。

手指前有著可以滑動的無數張臉孔，交友軟體會讓人變得比以往更無法決斷。軟體提供比原本日常生活更多的選擇，但其實人腦天生不適合處理這麼多替代選項。一旦遇到兩位數的選擇，我們的認知能力就超載了。

天普大學的神經決策研究中心（Temple University's Center for Neural Decision Making）[15] 發現，人在接收複雜資訊時，背外側前額葉皮質活躍度會大增，不過是有限度的。面對過多資訊時，大腦的執行區會關閉，就像是超載的斷路器。此外，負責焦慮感的腦區會變得活躍。我們的多巴胺系統可能進入超速驅動模式，最終癱瘓停機。這種狀態下，我們就失去決策能力而無法做選擇。

斯沃斯莫爾學院（Swarthmore College）的教授貝瑞・史瓦茲（Barry Schwartz）[16] 花數年時間深入討論他提出的「選擇悖論」：

過多選擇導致結果更差，並使人更不快樂。在一個稱為「果醬研究」的著名實驗中，遇到太多種美味果醬的顧客無法順利購買，而就算有買的人，對自己所買產品的滿意度也低於選擇較少的人。

史瓦茲認為限制選擇有其作用，而且快樂的一個祕訣正是降低期望。選擇多會讓人在這些選項之間掙扎，因此要負起更多責任，後悔的可能性也更高。史瓦茲搭配卡通來教課，其中一個用來說明論點的卡通，是一名大學生身穿汗衫，上面印著「我讀布朗，但第一志願是耶魯」字樣。另外有一對夫妻在結婚禮堂裡，新娘說的不是「我願意」（I do），而是「姑且選你」（You'll do）。

喬傳給愛里的訊息正體現這種狀況：

喬：妳超正耶。

> 愛里：矮油……你也不錯啊。

喬：要是我還沒開始追一個紅髮妹子，可能就會來撩妳的說。☺

> 愛里：是喔，我就當作這是讚美囉？

選擇是否讓我們在戀愛世界中難以招架？史瓦茲如此認定，但受到影響的不只是區區一罐果醬。他的研究夥伴艾恩嘉也認同地說道[17]：「噢，這真是個問題，對吧？我們把這稱作『錯失恐懼』（FOMO）。我和史瓦茲一開始是在求職領域發覺這個現象。同樣

的狀況也在約會方面發生，而且程度更嚴重。選擇很多，而且從很多層面來說，因為比較對象是人，根本就無從比較起。」

曼蒂也切身感受到這點。她在加入交友軟體後，就和很多女生傳訊息。跟其中一個女生在一起後，她又跟另一個讓她心癢癢的女生這樣互傳：

> 海莉：我們能找個時間約出來嗎？妳哪時候方便？PS妳的狗好可愛（妳家小朋友也是！），我超想養狗耶，讚！
>
> 曼蒂：嗨，海莉～我不是故意要耍難搞喔，不過我還在摸索網路交友！我們低調地約出來就好，好嗎？
>
> 海莉：好啊，我可以。妳覺得怎麼安排好？
>
> 曼蒂：抱歉這麼晚回，但是我考慮的對象已經太多了，我想先暫停認識新的人。如果妳願意的話，我們可以幾個星期後再確認看看，現在可能就……祝妳一切順利

困難的不只是在一群人之間做選擇。在交友軟體上一直滑，便是做出了不投入其中一個配對或一段關係的選擇。史瓦茲說：「有一大堆選擇時，人容易遲遲無法採取行動。」這裡所指的行動，在

交友世界中當然是指打開心房投入一段感情。如同前述，通常要透過真正了解對方的行動，來產生好感和日久生情。不這麼做的話，你可能會像葛拉罕一樣，困於短暫而淺薄的關係迴圈。

在《只想買條牛仔褲：選擇的弔詭》（*The Paradox of Choice*）[18] 一書中，史瓦茲引述底下這句話（後來他跟我說出處可能搞錯了，其實應該不是卡繆說的）：「我該去死，還是去喝杯咖啡？」這句話讓我這個常接觸自殺傾向病患的醫師來說特別有感。治療時讓病患回歸到生活中的小小行動和樂趣很有效。但史瓦茲指出，這句話凸顯了一件簡單的事實：無論是否關乎自殺，每個人隨時都在做出選擇，而且不見得有自覺。我們喝咖啡時，便是在無意識中選擇不要自殺（還有不喝茶）。

面對過多選擇時，做選擇的樂趣便因害怕選錯而消失了。想要繼續滑新對象的念頭總是壓過其他念頭。

我們對未來對象設下不切實際的標準，對自己並沒有好處。心理治療師蘿蕊・葛利布（Lori Gottlieb）在她的著作《嫁給他：將就於及格男的案例》（*Marry Him: The Case for Settling for Mr. Good Enough*）[19] 中，討論自己要求未來伴侶特質的落落長名單。她把這張名單給媒人看時，媒人笑著說世界上恐怕只有三個人符合資格，不過對方可能對她沒興趣。

這些名單也忽略了構成魅力的細微要素。不久之前，我有名病患描述她遇到的對象，他似乎很完美，高富帥、事業有成、聰明又擅長運動，但她說有個問題。我問：「怎麼，他從沒寫過協奏曲？」不是，是她不喜歡他講話的聲音。

就算我們把名單餵給演算法找出配對，得到了理想的對象，我們實際上被這個人吸引的機率有多高？對方被我們吸引的機率又有多高？這點出了網路交友的最後一道悖論。

☛ 學習力悖論

1931年，奧地利數學家兼哲學家庫爾特．哥德爾（Kurt Gödel）[20]發表了不完備定理（incompleteness theorem）。簡單來說就是有些妥善陳述的數學命題，無法透過不證自明的命題獲得驗證，所以這些問題不可判定。換句話說，有些數學陳述不能以公理證明是真是偽，就算那些公理本身不能證明為偽。因而形成悖論。

對於非數學腦的人來說，數學的確不足以用來了解某些宇宙面向，但對哥德爾當代的數學世界卻是驚天動地。其他數學家嘗試挑戰這條定理卻失敗。

這條定理至今仍適用，尤其是在機器學習和人工智慧方面。機器學習的假設是只要有夠大的資料集，還有夠繁複的演算法，機器便能做出精準的預測。把鳥的圖片給電腦看，設計一套規則讓電腦辨識鳥的某些特徵（鳥喙、翅膀、離很開的眼睛），經過一段時間後，電腦理應能區別出鳥類和其他動物。在影像監視、臉部辨識和醫學診療中，已可見到這種做法效果顯著。

但我們還是沒辦法辨識理想對象、簡化出一套特徵，然後拿去讓機器跑。哥德爾定律的延伸應用顯示，無論電腦或人工智慧再怎麼厲害，資料集永遠不夠用於做出某些預測。以上稱為學習力悖

論，指的就是機器學習本身就存在著無法解決的問題。

演算法推薦的選擇，真的適合你嗎？

　　這個抽象的原則遇上交友世界，正好就是現今匯集萬千使用者的網站和軟體，尤其是暗藏在軟體背後的假萬能演算法。舊式的網路交友網站，就如同更早期的作媒服務，經過包裝後讓顧客相信它們。填寫上百個問題，個人檔案寫到好幾頁，下足了鍵盤功夫，人們就認為既然有了付出，好歹有個成果。大多資料是否被採用還是個問題，網站和服務業者可能只是把現有的交友檔案丟給你。但這讓交友配對產生一種煞有其事的氛圍，還鑲上了科學的保證，實際上恐怕根本就是自我應驗預言的套路——你相信這些配對適合自己，因此願意好好給他們機會。

　　久而久之，所有裝飾的門面都掉了漆。現在的策略變成把選項弄得最強、最好。收到很多右滑的使用者排名高於其他人，系統就會給這些人比較理想的選擇。換句話說，變成在比誰人氣高。

　　除了簡單的排名外，還有其他功能。交友軟體演算法也學習[21]使用者先前的右滑行為。這套機制就像你看到的臉書、Google、Netflix 和 Amazon 個人化推薦，都是用同樣的協作篩選原則。你先前做的決策會拿來推測你的偏好。譬如，假設你之前沒和白人互動過，軟體可能就不會再給你白人的照片。因此**演算法並沒有真正預測出你和誰速配，而是在預測你右滑的機率**。這會導致使用者被推薦用表面標準篩選出的選擇。就算你左滑了許多身上有刺青的人，不表示你不想要認識有刺青的人，也不表示某個有刺青

的人不適合你。

所謂「適合的配對」概念會不會落入哥德爾的學習力不定地帶，實際上沒人監管的右滑資料集已足夠龐大，因此能預測出你會愛上誰？針對某些偏好特質，像是名校文憑、音樂品味或是運動習慣，會不會害人漏看了重要的地雷？我們會不會因此對明顯的問題視若無睹，像是人格特質、精神診斷或甚至更重大而難判定的「你真的會對這人產生好感嗎？」

科技和人工智慧開始給人全知的希望，而結果如何，我們有生之年大概是不會知道了。不過，當前它們也助長了我們內心深處的生存恐懼。殺人機器人、利用網路洗腦的人，或是侵入現實生活的虛擬實境，以上不是好萊塢科幻片才有的情節，而是我們日常生存面對的議題。幾乎所有用過交友軟體的人，都懷疑過聊天對象是不是機器人。

來看看我在交友軟體上的某次互動，其實也稱不上是互動……

布萊恩：嗨，蜜米，很高興跟妳聊，我布萊恩啦。

我：嗨，布萊恩。之前好像漏看這個訊息了。希望你周末過得還愉快。

布萊恩：嗨，蜜米，再試一次吧。

布萊恩：哈囉

布萊恩：蜜米？

布萊恩：又錯過了😎

布萊恩：蜜米，我們都哈佛的，尼好ㄇ？

布萊恩：蜜米？

布萊恩：嗨，蜜米

布萊恩：嗨，蜜米，尼好ㄇ？

布萊恩：😊

布萊恩：蜜米？😜

布萊恩：蜜米，妳還在嗎？

布萊恩：蜜米？

布萊恩：？？

布萊恩：那……

布萊恩：哈囉……

　　看著這個聊天串，很難不懷疑布萊恩是機器人，而且是隨便寫出的程式碼。話說回來，機器人的程式編碼說不定會更精細，這應該純粹是個跳針的人。

　　所以，雖然交友軟體確實給我們選擇，也方便用來溝通，但演算法大概不是最有用的功能。西北大學（North-western University）的艾莉・芬克爾（Eli Finkel）和團隊夥伴做了一個樞紐試驗（pivotal study）[23]，發現**演算法對於適配與否的預測能力相當有限，而長久感情的指標來自於如何應對「無法預測、無法控制且尚未發生的事件」**。

哈佛商學院的諾頓表示，交友軟體的演算法名實不符。他說：「沒錯，這些軟體所宣稱的內容有誇大嫌疑，不過作用就在於給使用者原本碰不到的機會。它們提供了非常非常多勉強可接受的選項，而不是試一次就能遇到靈魂伴侶。」

想想看小孩子拿到塑膠玩具的情景。他們在下一秒鐘可能玩得不亦樂乎，從小手中變出了神奇宇宙；但也有可能它就只是一塊硬梆梆的塑膠罷了。同樣道理，交友軟體只是給你一道傳送門，想創造魔法和奇蹟要靠你自己。

如同芬克爾研究的結論所說：「最能實際預測一段感情關係走向的指標，要等戀愛展開後才會出現」，那麼一段關係什麼時候會展開？當然是開始傳訊之後啊！

也就是說，要看你自己怎麼解讀了。喜劇演員基斯·洛克（Chris Rock）說：「頭一次認識一個人，你認識的不是他本人，而是他的代表。」我們接下來會討論如何跨越所有代理人和管理員，實際接觸到真實的對方。

給我你的電話吧？

從用字和表情符號解析對方人格

伊恩：OK，來喝個咖啡吧⋯⋯我在市中心，尼能過來
這邊嗎？

琳賽：我就在那工作。

伊恩：約在 Caffe Illy 咖啡店？

琳賽：沒問題。

伊恩：周二如何？

琳賽：好，中午有空，你呢？

伊恩：那時間喝咖啡好奇怪。

伊恩：我通常早上喝一杯，然後大約3點再喝一次

琳賽：OK，我把下午3點空出來，配合你攝取咖啡因
的時間。不過你也要配合我呼麻的時間喔。因
為我對咖啡因很隨性，但對這個很講究。

第一次見面約喝咖啡，很有畫家諾曼‧洛克威爾（Norman Rockwell）小鎮風情畫作場景的感覺。

即使琳賽喜歡咖啡，想和咖啡同好一起享用，甚至可能把卡布奇諾列為最愛之一，但伊恩的不知變通可能比喝咖啡的習慣更能代表他這個人。因為個人檔案把人簡化成適合搜尋的屬性，像是「是否喝咖啡」，所以使用者可能會漏掉難以傳達的特質，像是變通程度和幽默感。美國人有64％喜歡咖啡，那麼喜歡咖啡真的具代表性嗎？誰不喜歡落日時刻在海灘上漫步？還有，光說自己「幽默」、「隨和」或是「誠懇」很有意義嗎？要找到交友檔案上有人寫自己「無聊」、「死板」或「虛偽」反而比較難吧。這些資料徒具形式。

至於「幽默」或「誠懇」，實際做比光用說的還重要。我在網路認識的好友安迪在自介裡面寫「我會讓妳笑」，他確實很快就辦到了。

安迪：嗨，蜜米。妳怎麼會討厭川普啊？他髮型超帥的耶！

安迪：妳讀醫是哪科啊？

我：我是精神科醫師，不過現在比較是走數位健康路線。

安迪：縮頭人 *app 是嗎？

---

* 原文用詞為 shrink-wrapped，指「收縮薄膜包材」，例如量販飲料的塑膠包裝。這裡和精神科或心理學家的俗稱「shrink」雙關。西方文化過去認為精神問題使得腦袋腫脹，透過精神治療能使頭部「縮」回正常大小，因此得名。

上一章強調網路交友充滿著矛盾。我們發現軟體有些方面帶來好處，像是提供多個選項；但也有一些缺點，像是提供選項的依據可能無法反映出我們真正的期望。交友軟體的設計用的是「賣場」概念。從經濟角度而言，賣場能讓顧客節省時間來找到自己要的東西。但如同我們所見到的，我們在交友時想要或喜歡的，常常不是能輕易轉化成程式碼運算的特質。

就算交友軟體時常令人失望，至少我們不用像電影《野東西》（*Wild Things*）那樣咬牙拚命。還是有其他辦法可以利用交友軟體提供的選擇，並且從中獲取自己需要的資訊，只要用有創意的方法把資訊「揪出來」。

本章開頭的聊天內容中，琳賽察覺伊恩對喝咖啡時段很計較，可能是他不懂變通、缺乏開放心態的跡象，於是她開玩笑地瞎掰自己要準時嗑藥來取笑他。伊恩搞錯重點是約會，而不是喝咖啡。計較喝咖啡的時段可能預示他在面對感情時也缺乏彈性，且在處世上太過一板一眼。另一方面，琳賽的玩笑顯示她直接、稍微盛氣凌人、大膽的個性，可能不是伊恩喜歡的型。

看幾則訊息對話能幫助我們預測一個人的性情、人格，和其他可能在談戀愛時會顯現的互動情況。這些要素常常在最開始和這個人互傳的訊息就有跡可循，所以知道如何辨識很實用。本章將會討論從短短對話裡找出有用資料的過程——利用「薄片擷取」（thin slicing）見微知著的藝術和科學。

☛ 薄片擷取：從小細節看透一個人

「薄片擷取」是心理學用語，指從簡短的經歷或是一小群資料中辨識出行為模式的做法。通常而言，這些結論是在潛意識中獲得，就像是麥爾坎・葛拉威爾（Malcolm Gladwell）著作《決斷 2 秒間》（*Blink*）中知名的描述[23]。我們大腦厲害之處，其中一個在於能夠從極短的反應時間中進行複雜的判斷。顯著的例子有冰上曲棍球選手韋恩・格雷茨基（Wayne Gretzky），他能夠「看透」冰場，只要看一眼就能掌握所有球員的位置，並且模擬出他們所有人的推桿角度。還有西洋棋大師加里・卡斯帕洛夫（Garry Kasparov），他能在棋盤上推演出未來的棋路，而不用特意去估算。同樣地，專業的精神科醫師能從病患瞬間的表情中，解讀和推測出他的創傷過往、絕望感或是自殺意圖。

這些看似天生而存在於潛意識中的超能力，沒經過培訓和磨練是無法做到的。如眾人所知，格雷茨基小時候花費無數小時，邊看《加拿大冰球之夜》（*Hockey Night in Canada*，HNIC），邊用紙筆記下球餅的移動情形，學會以直覺辨識出其他人可能看不出的行為模式。

格雷茨基和卡斯帕洛夫是專業領域中的佼佼者，而行為科學的應用當中也有薄片擷取的大師。其中一位是保羅・艾克曼（Paul Ekman）[24]，他是加州大學（University of California）舊金山醫學院的教授，透過所謂的微表情（microexpression）來成功擷取出情緒。艾克曼詳實記錄不到五分之一秒的瞬間表情中用到哪些肌肉，認出

沒受過訓練者會漏看的恐懼、憤怒或厭惡跡象。

更普遍的薄片擷取，是觀察一個人幾秒鐘內的行為來獲得第一印象。人人都做過——從握手姿勢、眼神交流或是儀態來判斷一個人。弗蘭克·柏涅利（Frank Bernieri）[25]是奧勒岡州立大學（Oregon State University）的心理學教授，他專攻社交認知和判斷，是研究將薄片擷取應用於第一印象的專家。他認為第一印象屬於「前理性」階段，也就是說靠本能取得。這些印象來自於人從很細的經歷薄片找出情境與行為模式的一種無意識能力。

這些印象也會落入偏見。因此，癥結點在於盡可能使第一印象準確，這也是訓練的用意。只要預備妥當，透過薄片擷取獲取的結論，準確度與從詳細資訊取得的結論不相上下，或甚至能更加準確。一般沒受過訓練的人判斷他人是否說謊，準確率只有一半，但如果上過 FBI 國家學院的偵測謊言課程[26]後，成功率就能大增。

當然，在對聊天訊息做薄片擷取時，不能仰賴表情或是其他視覺線索，但仍效果十足。無論我們是從第一眼、瞬間表情或是幾則訊息擷取出資訊，都是從小小的資料集下概略結論。利用初識時的訊息來進行薄片擷取，能對潛在對象了解很多事情。

在開始解析更多重要的初次訊息前，我們先來看看高度仰賴語言的兩個薄片擷取範例，這能引導我們繼續探索。

☛ 從對話方式看出兩個人是否能走得長久

關於愛情有個著名的薄片擷取範例，是約翰・高特曼博士（Dr. John Gottman）對於感情發展的預測研究[27]。他在「愛情實驗室」（Love Lab）計畫中，記錄夫妻之間日常的口語對話和爭吵內容。他利用電子感應器記錄心跳、排汗程度、動作，並透過攝影鏡頭記錄肢體語言、表情和話語，蒐集了數十年間夫妻互動的資料。他把互動做出標示並針對行為模式建立模型，預測哪些夫妻會離婚，以及多久後離婚，準確率高達93.6%[28]。這點只靠單次三分鐘的對話就能辦到。想像看看，在約會初期就能看出註定好的事，有些人可能寧願不要知道。

不過，先知道可以帶來好處，甚至可以採取行動。高特曼表示，雖然愛情沒有神奇配方，但資料背後藏著實用的參考建議。他將感情成功的祕訣，歸結於堅定的友誼、建立信任感、接受伴侶會對自己造成改變，以及善待對方。感情融洽的夫妻也讓彼此有良好的身體狀況，像是對話時血壓會降低而不是升高。

最驚人的是，這些大方向的概念可以在細微的交流中看見。譬如，有時候初次的互動訊息純粹令人愉快：

> 我：嗨，戴米恩，你好嗎？

> 戴米恩：嗨，蜜米！我很好。我的地圖顯示你在太浩湖或佛雷斯諾，或萊格特*。我覺得是太浩湖

---

* 分別為 Tahoe、Fresno 和 Leggett，這串對話提到的地名都是在加州地區。

啦。妳回來時跟我講一下。

> 我：厲害！太浩湖沒錯。又是愉快的滑雪周末，今天稍晚會回去。我沒去過萊格特，你去過嗎？

戴米恩：去過。像我這種大城市的多語言人士非去不可。可惜我也去過佛雷斯諾。

> 我：對，不推那裡。多語言人士在鰻河*能幹嘛？一個人發呆嗎？

> 我：我喜歡沿北海岸騎單車。門多西諾**外有些魔王上坡。

戴米恩：我會說樹語。門多西諾外通道的矮松蠻搞笑的。

戴米恩：妳這周安排得怎樣？要去噴泉一起吃冰嗎？

　　我剛開始和戴米恩傳訊息時，感覺就像我們已經有共通的語言，其他人可能不好懂。我在想，如果高特曼把這段話拿去實驗室研究，可能會發現我們的對話一拍即合。開放式問題和能延伸的話題都有。我會說戴米恩的訊息讓我會心一笑，人都感到舒暢了。很難用文字形容，姑且說是心有靈犀吧。

---

* 　Eel river。
** Mendocino。

🔫 解讀對方的心理健康狀態

　　高特曼研究的是面對面的互動，不過單憑訊息也能夠做出可靠的預測。一個強而有力的例子不是來自於愛情相關研究，而是心理健康方面。南希‧盧布林（Nancy Lublin）創立了一家叫作緊急訊息專線（Crisis Text Line，CTL）[29]的公司。她是以堅毅不撓著稱的創業家。CTL 的專業輔導員義務花時間去應對求援者數百萬則的訊息。這間公司從盧布林另外一間名叫「付諸行動」（Do Something）的非營利組織發跡，該組織專門動員青少年當志工，為社會義舉提供服務。當然，號召青少年的最好方式就是傳訊息，能夠迅速得到回應。在收到的大多數正向訊息當中，也有少數引發關切的訊息，像是「我被人霸凌」或是「我朋友吸冰毒上癮」。

　　有一則最讓盧布林擔憂的訊息讓她採取行動。有天，團隊收到一則「在ㄇ？」的詢問，後面寫著：「我爸不停強暴我，叫我不能告訴其他人。」

　　因此盧布林建立了 CTL。從那時起，這間公司的輔導員每日為憂鬱、焦慮患者、受暴者或是有自殺念頭的人提供救助行動。有時候這四種情形會同時發生。為了將 CTL 收到的數百萬則訊息做整理和分級，公司開發出能針對關鍵字或顯示嚴重程度的詞組進行處理的演算法。當然，出現「死」、「自殺」和「藥物過量」的詞要優先處理。不過他們分析資料後，也注意到一些較難料想到的訊息內容與相關風險的關聯性。猜猜看，訊息中哪些用詞最危險，最可能需要出動救援？多數人會猜「自殺」和「死亡」，但實際上是「依

克格林」（Excedrin，止痛藥）、「布洛芬」（ibuprofen，消炎藥）和「800 毫克」。「布洛芬」比起「自殺」更能預測傳訊者需要緊急服務，命中率高達十六倍。

這種由資料科學和語法分析而來的薄片擷取做法與先前提的不同，但讓公司能在五分鐘以內回應高風險的傳訊者，平均不到一分鐘。如果沒有複雜的資料科學在背後運作，不可能這麼快。

CTL 從世界各地不同社會族群蒐集到大型健康資料集，從中得到的結果在引導公司進行救助行動之餘，也反映出美國人的整體健康狀況。醫師看的是個別病例，CTL 則是看出趨勢。

好，艾克曼能從瞬間的表情讀出意圖，高特曼能用簡短對話預測感情順利與否，而 CTL 能夠根據訊息做出風險評估預測。那麼，從交友訊息中預測人格或是個性呢？是否某些字詞能預測出「殺人魔」？某些詞組能透露出「恐怖情人」？

為了要談人格，我們必須要先講清楚使用的語彙。現在我們來看看科學家如何進行量測和歸類。在後續各個章節中，我們會同樣用這套語彙來談人格的大小事。

👉 人格的量化分析

你可能做過各種類型的人格測驗。公司時常會用十六型人格測驗（Myers-Briggs Type Indicator，MBTI）[30] 來考量任用人選或是建構團隊，企業教練有時會使用九型人格測驗（Enneagram）[31]，而臉書時不時也會跳出奇奇怪怪的小測驗誘導連結，像是測測你是哪個

迪士尼公主，或是根據你喜歡的泰勒絲歌曲來判斷你應該被分到霍格華茲哪間學院。這些人格測驗不光有娛樂性，有些也能當作是每日運勢來參考。

有份測驗在科學效度（確實能衡量題目欲衡量的內容）和信度（產出結果維持一致性）方面都比以上出色，那就是五大人格特質測驗（Big Five）[32]，又稱五大因素模式（Five Factor Model，FFM），從以下五大領域來描述人格：開放度（openness）、盡責度（conscientiousness）、外向度（extraversion）、親和度（agreeableness）、神經質程度（neuroticism），以上英文單字的開頭可組成 OCEAN 以方便記誦。研究學者主張五大人格特質測驗具備生物學根據和普遍適用程度，跨越了語言和文化差異，不過客觀而言受到驗證的地區，主要都是識字率高的都市人口。

五大人格特質測驗經過對大眾自我描述的言詞進行研究，用來預測多種事項，從學術成就到戀愛行為皆有。它並未將人歸類或是列出壁壘分明的人格類型，而是每個人都位在光譜上的某處。舉例來說，這模式沒有斷定我是 ENFP 型（MBTI 的其中一種），而是說明我在外向度和開放度兩方面的數值極高，盡責度高，而神經質程度低，且親和度僅有中等。

經驗開放度高的人，顧名思義充滿好奇心而想像力豐富。這些人通常有藝術特質，欣賞多元觀點、想法和經歷。低分者則較傳統、討厭改變，且可能在抽象思考時會遇到障礙。

盡責度有關責任感和產值表現。高分者通常重視秩序且能堅持。這些人也非常值得信賴，並常常擁有高成就、做事認真且善於

規劃。光譜另一端盡責度低的人，討厭組織體系，且常會拖延或是無法完成任務。

外向度高的人擁有較緊密的交友關係和情感支持網。他們較隨和、和氣且態度堅定。這些友善而活力旺盛的人，會從社交情境中獲得啟發。相反地，內向者喜歡獨處，不喜歡閒聊，看見人臉時多巴胺的分泌較少。

親和度可細分為同理心、恭敬以及對他人的信任。親和度得分高的人通常善於合作、願意幫忙且會照顧人。他們喜歡和平，且整體而言較樂觀且能信任人。親和度得分極低的人很少關心他人，可能會冒犯、漠視或是操縱其他人。親和度偏低的人也有些優勢，像是較擅長獨立工作、做出艱難抉擇並為自己立下界線。

神經質程度是最後一項，高分者容易產生憂鬱、焦慮和物質濫用的問題。他們較常感到擔心、恐懼、憤怒、愧疚，甚至會嫉妒。這些人可能缺乏安全感、敏感、情緒化，且情緒緊繃而容易陷入負面情緒。神經質程度低的人通常情緒穩定，抗壓性高。得分極低者則冷靜沉著。

五大人格特質測驗不同凡響的一點，在於未將人歸類為純粹外向或純粹內向，而是用一到一百分的方式來評定你的五大特質偏向哪一端，多數人在中間某處的位置。

五大人格的分數要如何用來預測感情生活？神經質程度高[33]的人在戀愛方面顯得特別棘手。神經質的人容易擔心東擔心西、情緒搖擺不定，且容易激動。這些對長期的感情滿意度會造成打擊。有個有趣的例外：如果伴侶間性生活活躍[34]，似乎能夠抵銷神經質的

負面影響。所以如果你選神經質的人當對象，就要挑個性欲強的人。但問題在於神經質往往會干擾健康的性表現。不只一份研究[35]指出，神經質會減低感情滿意度和性生活滿意度。

盡責度和親和度高[36]能在感情中擁有信任感。這兩方面的高分者較常有成功的長期關係。相反地，低分則表示易尋求新奇，包括性方面的冒險行為。一份對五十二個國家做的研究調查了一萬六千人，發現這點容易導致不忠。肯塔基大學（Kentucky University）研究學者在一份統合分析[37]中發現，親和度低容易出現與陌生人隨意發生關係、不戴套以及性伴侶眾多的情況。

經驗開放度[38]通常表示頻繁和有多種變化的性生活（至少女性如此）。就像在神經質的人身上所看到，性愛只對長期關係有幫助。外向人士通常較快樂和有魅力、情場技巧較高超，且能調適好性生活。與外向的對象在一起很愉快，但也要了解他們更可能追求冒險，而較難感情專一。

五大人格研究結果是從各種問題蒐集到的主觀回應而來，因此採用了我們對自身的印象。如果我看待自己的觀點跟其他人看法不同呢？我們會在下一章深入探討自我認知、自我覺察和洞察。

網路交友的五大人格

現在，來想想傳訊如何透露出我們自己的特質和發現其他人的特質。語言與人格之間關聯的研究由來已久，不過資料科學的新進展使這分析達到更高的層次。先前，很難找人好好坐下來寫千字

文。現在，隨著貼文、傳訊和推文成為主流溝通方式，我們能擴大分析的規模，因此能夠發現小型寫作樣本當中不易察覺的種種趨勢。就像 CTL 因為資料集龐大而能夠看出趨勢，透過現代運算技術可從訊息和推文中擷取薄片來觀察人格特質。

特別是，打字訊息本身因為介於口語和書面之間而價值非凡。在寫訊息和推文時，大家比較不受到文法、標點格式和語法的規範。脫離這些限制後，便能用別具特色的方式展現個性和風格。西莉亞・克林（Celia Klin）是賓漢頓大學（Binghamton University）的語言心理學教授。她與其他專家認為[39]，打字訊息比起書面文字更貼近口說用語。用字確實重要，但藉由文字傳達的社交資訊也很重要。

克林對我說：「因為打字缺少了雙眼可見的社交線索，因此傳訊者塑造出獨特的新語言使用方式來傳達意義。」她所說的社交線索包含了眼神交流、語調和音量以及面部表情等。她說：「這也不難想見，因為語言是人在生活中最擅長做的事情之一。」但是也會有造成誤解的情況，如她說：「就算檢查過自己寫的訊息內容，但往往是用自己腦中的語調和呈現方式來讀，所以自認其他人也會用同樣的方式理解。」

不過，用字遣詞還是能看出很多事。單詞的分析也很有意思：外向者較常用到[40]「嘴巴／動嘴」、「喝點東西」、「其他的」、「餐廳」及「跳舞」。神經質程度高的人，則習慣講「糟糕」、「可是」、「懶」以及「沮喪」。

順利愛情長跑的人、親和力得分高的人，用詞較常出現「很

棒」、「一起」、「早上」、「春天」。盡責度極高的人會在語言中參雜「完成」、「蠢」、「無聊」和「冒險」。而真正樂於冒險的人，也就是經驗開放度高的人，喜歡講「朋友」*、「人們」、「詩」、「宇宙」、「藝術」和「老是」。

來看看以下我和查理初識時互傳的訊息，他的用語很快就顯示出他的開放態度：

> 我：嗨，查理

查理：蜜米！

> 我：以前好像沒看過有人用在浴室刷牙的自拍～有創意。

查理：我喜歡打破生活的界線 :)

查理：在這自拍也會讓我把浴室清乾淨

> 我：讚喔，如果掀起風潮的話我會說你帶動的。

> 我：你這周過得怎樣？我超慘，今天才星期四耶，你就知道我有多失望。

查理：恭喜妳解開忘記時間流逝的成就。我目前這周過得滿有感觸的，滿珍貴的體驗

---

* 這裡的原文是 folk，為提到「人」時較有親和力的講法，常指稱某群體或族群的人。此處翻為「朋友」的中文情境是像在舞台上說「前面的朋友」，又或是「記者朋友」、「原住民朋友」或「參加今日活動的朋友」。另外這個英文單字也能用於講自家父母。

這四則訊息中就出現了「打破界線」、「生活」、「滿有感觸的，滿珍貴的體驗」還有「忘記時間流逝」。我在「經驗開放度」方面的高分表現在於好奇地想更了解查理，他的用語也顯示出對經驗抱持開放的態度，不過我當時心情剛好很差（「超慘」、「失望」，有人產生同感嗎？）。

我進一步和查理聊天後，他的親和度也顯現出來。我得知他是心理學家，而開玩笑說我家的澳洲牧羊犬應該聘請他。

我：我有隻瘋狗需要你幫忙。她害怕留鬍子又戴棒球帽的人，還有溜滑板的人。第二點不能怪她吧？

查理：我也害怕那些人。

我：你們真配。她很會跑和游泳喔～可以在開放水域跟著我兩英里，還會在小路上為我淌血開道。

查理：喔，我也會跟著妳兩英里，還有為妳淌血開道啊

我：哇！這麼快就對我掛保證喔

查理：我又不怕，除了怕流血而已

我：我會帶 OK 繃，也會顧及你的尊嚴啦

查理：謝啦。我的尊嚴軟綿綿、黏呼呼，非常軟 Q 喔。

除了歡樂和親切，查理的用語表現出同理心。他不只顧到我，也顧到我的狗。他開玩笑說要為我「淌血」來表示信任，而且有足夠自信說出「軟綿綿、黏呼呼」，不同於很多男性在一開始傳訊會說出的話（不過照片中的他身體精實、很有肌肉）。

　　單詞很有用，不過真正有效果的是詞組。IBM 開發出[41]一套華生（Watson）超級電腦專用的人格解析工具，大膽宣稱單憑一份一百多字的文本，就能夠做出準確的人格評估。IBM 推出的關聯度表現並不完美，但也代表能在某些情境（像是交友軟體）上有個合理的起頭，並且示範人工智慧雛型有什麼潛在功能。

☞ 呈現心理健康的指標

　　數位健康照護公司利用這類型的資料分析，以及我們所稱的「擴增智慧」來做出預先診斷，也就是還沒經過現場問診的診斷。我們講的是「擴增」而不是「人工」智慧，因為務必要銘記不能把人類排除在過程之外，也要說明用打字訊息做的診療只能用於預先診斷階段。這裡提的概念重點不在於預測精神診療結果，而是觀察訊息中可用來預測人格特質和心理傾向的特性。

　　然而，我們所說的話和寫出的內容，確實能當作心理健康的指標，而用精細認知系統所做的分析不僅能解析人格特質，也能用來觀測早期的心理疾病。譬如，麻省理工研究學者訓練[42]電腦辨識憂鬱徵兆，且在不限於脈絡、自然而連續的訊息對話中做出精準判斷。這個模型透過文字訊息，平均能在七次問答中精準偵測出憂鬱

症狀，而不必直接問：「你感到憂鬱嗎？」這類的問題。

一份研究觀察了六千兩百零二名推特使用者[43]，這些人的推文在研究期間出現超過五次「單獨」或是「孤單」的單詞。接下來，把這些人與沒在文中用到類似單詞的對照組比較。用這種單詞的使用者也反映出人際關係遭遇困難、濫用物質、身體不適、亟需改變，還有失眠的問題。不難預料，「單獨」和「孤單」與憂鬱和焦慮的相關性極高。

一份捷克研究請一百二十四名參與心理學講座的女學生[44]，寫下對大學的深入想法和感受。她們另外也填寫一份經臨床驗證過的憂鬱量表，將她們分成當前憂鬱、曾經憂鬱以及從未憂鬱過的三個組別。依照預測，憂鬱患者更常使用憤怒、焦慮和負面情緒的文字。另外研究者還發現，較常使用第一人稱的「我」與憂鬱呈正相關，且憂鬱患者明顯更少用第二和第三人稱。

在用來檢視訊息和推文的更大型研究中，顯現出行為模式。提到自己的工作顯示盡責度和開放度，提到金錢表示缺乏親和度[45]。因此可以從成就相關的用詞如「贏」和「賺」看出。圍繞疾病的用語如「診所」、「流感」及「藥」與內向度呈正相關，而重視身體感官和機能的用詞透露出神經質和缺乏開放度。

當然有些互傳的訊息內容，不需要經過複雜的程式或是精神科醫師就能夠理解，比如說有時候讀訊息串可以知道某個人特立獨行。不過是怎麼個特立獨行法？同樣地，不用專家告訴你，就知道某個人的行為超渣，但多數的訊息比較隱晦。開始和約會對象或是未來對象傳訊後，目標就是要辨識出較明顯的訊息透露出

的人格跡象。

以下第一次約會後的訊息中，羅伯顯現出盡責的特性和缺乏開放度：

羅伯：嗨，海倫～很高興認識妳～我回到家填了 Excel 表。在妳出發前，告訴我能不能再見面吧

海倫：嗨，羅伯。我也很高興認識你，謝謝你的細心，感覺你急著要有下一步耶，但我不確定自己能不能跟你一樣熱衷，而且我就要出發旅行了。

羅伯：喔，我只是想先有個約會計畫，但跟計畫不一樣也OK喔。我剛剛跟我的熱衷討論了一下，她說她可以先休息喔;-)旅途愉快！

羅伯：但我還是想知道妳的想法，我不相信什麼感覺，那就是個跟風的說法，一個人總該知道自己喜不喜歡吧，總會有點根據。妳比較喜歡認真正經，還是搞笑講幹話？

海倫：我想想喔。明天我室友回來，跟他一起煮東西，順便問他覺得我們合不合得來？參考旁觀者意見之類的？？

羅伯：喔，我覺得妳知道自己適合或不適合什麼啊。坦白說，我之前和前女友的親友有過不好的經

驗，我甚至懷疑到底是誰在跟誰交往。

　　羅伯有想法，知道自己很熱衷，不過是正經而認真的那種。但他似乎不明白為什麼這樣會嚇到海倫。他提到 Excel、計畫和根據，除了透露盡責度，同時也表現出拘謹而開放度不足。某些人喜歡這些特質，其他人則退避三舍，而對於神經質的海倫而言，很可能把她嚇跑。她沒辦法信任自己的選擇，要請旁人給建議才好下決定，則表示出焦慮感。這段關係能走下去的機會遠低於平均。

☞ 一起當個文法偵探

　　那文法和句型結構呢？我們能從中得知哪些事？其實還不少。經常使用第二人稱「你／你們」或「你的／你們的」，通常較有親和力且盡責。另一方面，動不動用否定[46]，像是「不」和「從來沒有／絕對不會」；跳換到未來式，像是「之後會」、「要去」；還有現實與理想相反的假設語氣，例如「其實該／照理要」、「當初可能」或「早知道」，則代表盡責度較低。

　　我們來看看訊息實例，試試能不能找出有關文法和句法的關鍵個人特質。康拉德是個銀行家，他在個人檔案寫道：「我善待自己、笑臉迎人，覺得保持青春最重要。」瑪莉則是名治療師。

　　瑪莉：嗨，康拉德，很高興認識你。

康拉德：嗨！抱歉晚回了，臨時有些狀況

瑪莉：沒事！希望你今天過得順利。

康拉德：嗯啊，今天超忙

瑪莉：股市不是收盤了嗎？

康拉德：咦，真假？所以我的電腦上才沒有數字嗎？

康拉德：我其實在忙其他事啦，我要整理房子，我媽這周要過來。其實早該整理了。

瑪莉：哇，好溫馨。你只在媽媽來的時候才整理嗎？

康拉德：哈哈哈，就像要出去約會一樣，要打理好一點嘛。

瑪莉：嗯嗯，有意思。你提到「媽媽」和「約會」，佛洛伊德會表示？

康拉德：不好意思，我們配對成功後，我就覺得自己根本不該右滑，我們就算配對，也絕對處不來。

瑪莉：是喔～為什麼？

康拉德：我不信治療那套。治療對我來說就像斷掉的鉛筆，沒有意義嘛*，哈哈哈。

> 康拉德：付錢找人聽自己說話，但是又只說自己的好
> 話來保持形象，跟出門約會前先打理沒兩樣。
> 祝福妳。

沒錯，這只是某個時間點出現的一段對話，不過從訊息中就可以擷取出人格特質的薄片。瑪莉講了「嗯嗯」、「哇」和「好溫馨」顯現出親和的習性，她也常用問號和第二人稱，關切他人。而康拉德則只用問句來表示嘲諷，還有用負面表示法的「根本不」和「沒有意義」，以及與現實不一致的「其實該」和「就算也」。他傳的訊息有多處都顯示缺乏盡責度和親和力。更傳統的心理分析師可能會把他提到的斷掉鉛筆解釋為對於自己性能力的焦慮，不過這些話就留到治療椅上再談，假設他有意願的話。

☞ 標點符號透露的性格

在打字訊息中，我們看見各種非標準的溝通形式，像是省略標點符號、額外增加標點符號、全用小寫，當然還有表情符號。潔西卡‧班尼特（Jessica 班 net）在她寫的《紐約時報》專欄文章〈標點符號說盡一切（！）〉（When Your Punctuation Says It All (!)）當中表示[47]，標點用太多會顯得太熱切，而用太少則顯得興致缺缺。因為數位溝通少了口語的音調和音量，勢必要多注意標點符號，來解讀訊息的意涵。

標點符號本身會透露人格嗎？有可能。以五大人格特質測驗來做的推文分析研究，發現問號是外向的跡象[48]。看來外向的人更想要發問。冒號則有關盡責的表現，或許因為在有條理的文章常會使用。相反地，逗號則和盡責度呈負相關。

克林的研究小組[49]檢視了句號，**發現句子結尾有句號的訊息，會讓對方覺得在生氣或是沒有禮貌。句尾沒加上句號，感覺會比較友善。**句號的正式程度，尤其是簡短訊息的結尾，會產生一種疏離感，且讓人認為較不真誠、語帶諷刺，甚至帶著以退為進的攻擊性。

我有兩個朋友（網路交友認識的），他們很堅持要用句號。兩人都是作家。我在開始傳訊不久時問其中一人，為什麼他每次打訊息都要加句號，就算只是應聲「對」也要加句號，他回答我說：「沒有句號的話，字母會從句尾掉下去。」

這些日常使用句號的人有什麼特色？他們挑剔，甚至有點傲慢。他們堅守自己的標準和價值觀，可能更想要用自己的風格來挑戰社會常態。我們多認識這類型的人，並且喜歡他們後，可能會被他們的風格影響。

美國作家兼詩人葛楚·史坦（Gertrude Stein）對標點符號有強烈的意見。她特別討厭驚嘆號。據說史考特·費茲傑羅（F. Scott Fitzgerald）說過[50]：「驚嘆號就像是說了笑話自己笑出來。」筆名為埃琳娜·費蘭特（Elena Ferrante）的義大利作家甚至將驚嘆號說成是「陽具展示」。海明威也喜歡比較平淡的風格。一份研究顯示濫用[51]驚嘆號與高度神經質和缺乏開放度有正相關。看看我去夏

威夷看鐵人三項賽時和網友互傳的對話：

> 吉姆：嗨，蜜米！照片很讚！妳有在比賽？
>
> 我：對，但我今年沒有下去比。以前在這比了九年，休息一年。你呢？
>
> 吉姆：高手耶！有喔，我有比。
>
> 我：你幾號？我幫你加油
>
> 吉姆：425號！！我找到自由派的妹子啦！！是我的菜！

　　這些驚嘆號都是有必要的嗎？看起來很不自然，甚至透露不安全感。在打字訊息中用驚嘆號確實變得更普遍了，在光用文字還不夠時可用來強調，但會有種焦慮、激動、「看我看我」的性質，尤其是用來代替句號。時至今日，用一個驚嘆號來表示熱情還怕不夠，要用到二、三、四個以上。強烈情緒或誇飾法也不見得要加，只是用來傳達情感熱度。我朋友丹尼爾說驚嘆號是「古早版的表情符號」。

　　伊森也會很自由地使用驚嘆號，加上疊字的特殊用法：

> 伊森：ㄟㄟㄟㄟ我們還沒互相認識喔席艾拉拉拉！！
>
> 席艾拉：等下次天時地利人和吧

> 伊森：妳超級無敵正又超超超好笑！！好ㄚ！

> 席艾拉：我在開會，你傳的訊息害我偷笑了

> 伊森：⋯⋯好ㄚㄚ來呀來來來喔喔喔喔喔窩

> 席艾拉：就是說這種的 :-) 謝謝你找我

> 伊森：妳今ㄊ能聊嗎？想找時間被妳的女神光環包圍。

> 伊森：人：妳和我。事：好好聊個天。時：妳方便的時候，最好禮拜六前。

　　伊森表面上看起來很開放隨興，但你還記得至少在一份研究中，驚嘆號對應到開放度「不足」外加「高度」神經質。伊森也用了「情意延音法」，也就是多打好幾個字母，像是「ㄟㄟㄟㄟ」「喔喔喔喔喔」、「超超超好笑」，傳達出強烈的情感。除了驚嘆號，他講的「人、事、時」也透露出個性固執僵化。

　　用來包覆額外註解的括號，與缺乏開放度和外向性格相關。括號中的陳述可能不夠切中正題，所以用標點符號收起來，就像是包住禮物一樣。（我不確定要不要提這個，所以先幫你包入括弧內好了。）

　　刪節號表示有開放的解讀空間。費蘭特在文集《意外的發明》（ Incidental Inventions ）中提到[52]，刪節號「有調情的意味，像是眨眨眼睫毛、嘴巴微張來假裝驚訝」。難怪網路交友的訊息裡充滿刪節

號，這個媒介常用來表現影射意涵、可能性，還有……承諾。

那刻意在通常用大寫的地方用小寫呢？這會傳達出謙虛感，不過是真謙虛還是假謙虛？我總會感覺有種用意在，尤其在有自動更正功能時，要特別花功夫去把「我」的大寫I改成小寫i，我懷疑這帶有反正統的挑釁用意在。

☛ 數位肢體語言

表情符號是個複雜的主題，討論起來或許可以占用一整章的篇幅。格雷琴・麥卡洛克(Gretchen McCulloch)在著作《網路的緣故：理解新語言規則》(*Because Internet: Understanding the New Rules of Language*)用心整理出[53]表情符號的流變，總結表示表情符號主要是用來代替手勢，因此為聊天訊息增添細微意涵和明確意義。我們用口語溝通時，非常仰賴表情和手勢。

表情和手勢在不同文化之間有隔閡和差異。例如，美國人笑[54]的頻繁程度遠多過其他國家。我母親是法國人，她在巴黎和紐約之間兩地飛。她有時會開玩笑說，在巴黎只要看說話的表情，就可以看出對面甚至對街的人是美國人還是法國人。美國人會面帶笑容對話，法國人會面無表情，把笑容留到特殊時機再用。

打字時要怎麼傳達出眼神、表情和手勢？要怎麼解讀諷刺和挖苦的語氣？演算法需要同時有語言和語意資訊才能做到，即文字實際意涵還有寫訊息的人真正要講的意思。十六世紀時，表達諷刺語氣會加上反置的問號，又稱「反問號」(percontation point)。十九

世紀的法國詩人把它當「諷刺符號」來用。一個類似情況是衣索比亞語中也有上下顛倒的驚嘆號。現代的表情符號用法中，這種語氣會加上顛倒的笑臉。

表情符號能把想表達的意思講得更明白，這表示不夠信任文字嗎？這會不會剝奪讓對方完全懂自己意思的樂趣？我一直認為表情符號是表達自我的偷吃步，就像是語言中的即食調理包，不用從生食開始煮。現在這些用法不限定於青春期少女的訊息中，但我還是覺得有些詭異。我會想要對傳的人說：「加油好嗎？想說什麼就說出來。」

這些表情符號常被加到不須額外補充意思的情境。是要幫文字潤色？帶來樂趣？還是因為好玩，像是丟球給對方丟回來那樣？無論如何，這些風格選擇主要能用以看出傳訊者的特質，而不見得是打字同時得附加上的動作。

羅徹斯特大學一份大型研究顯示[55]，時常使用表情符號的使用者外向度低，而內向的人最常使用表情符號。親切度高的人也喜愛表情符號，而神經質程度低的人最少使用表情符號。以上資料似乎清楚解釋了我避開使用表情符號的情況。

身為精神科醫師卻不是很懂表情符號，這件事可不好說出口。我年值青春期的女兒喜歡考驗我：

奇拉：這是什麼意思：😟😣🍄🔒🔐🎁✏️

我：這表示妳躲在表情符號後面，不想在妳媽面前露出

> 情感。

奇拉：不是，這是指我生病在家，下雪讓我覺得被困
　　　在家裡，只有剩的冷墨西哥捲餅可以吃，因為
　　　我媽忘記去買菜。

☛ 表情符號的不同解讀

　　雖然表情符號本來的用意應該是讓言語變得更好明白，但研究學者發現同樣一套表情符號，由不同人來看會產生不同解讀，所以本身也可能引起混淆和誤解。

　　有些表情符號很隨興且因人而異，也有特定的表情符號能表示出人格特質。譬如，外向者[56]較可能會用😄或是☺，少用😫或是😕，這兩個是負面或模稜兩可的情緒。有親和力的人會用各種型態的愛心，像是♥♡💕，很少會用☹。至於神經質程度高的人，會使用誇張的表情像是😫😖😕😳。如同羅徹斯特大學研究學者所注意到的，「這些表情符號很少與其他人格特質有正相關，意即神經質的人有特殊的表情符號用法，且他們的情感特徵也相當不同。」相較之下，開放度與表情符號沒有什麼關聯。

　　湯姆和梅蘭妮互傳幾個月的訊息後才開始初次約會。湯姆對她嚴重暈船，在訊息中不時添加各種表情符號：

湯姆：我真的超想認識妳。我又重讀了妳之前傳來的

訊息還有妳的自介……我很喜歡妳大方貼出素顏照！至少不是大濃妝的那種！😃

湯姆：我今天早上去健身房想到妳，打算豁出去，直接告訴妳我的全名。這樣妳就可以估狗我，對我是怎樣的人更有概念。然後就可以討論晚餐細節了（如果到時妳對我還有興趣的話）🌹

梅蘭妮：謝謝你表明身分啊。我是梅蘭妮……要出發去波士頓，會待過禮拜天～要發表重要的報告。

湯姆：謝謝妳回我。我還以為妳估狗我後已經打算換人了。又見面啦正妹🌹

湯姆：祝妳報告順利……不過我開始覺得妳不是靠運氣的人。🌹

梅蘭妮：一起吃晚餐吧。

湯姆：收到我在LinkedIn傳的跟蹤狂訊息了嗎？報告都順利嗎？

湯姆：妳禮拜六晚上要幹嘛？

梅蘭妮：我們第一次見面，你想見到我爸嗎？因為他這周末來找我，應該會很好玩……

湯姆：我高中後就沒有過第一次約會就見對方爸爸了！！這樣感覺很青春……還會很緊張，不過

滿特別的！哈哈！丟下他也不太好。

湯姆：我剛在想妳……我不時就會想……希望妳這周
　　　和妳爸過得愉快。你爸一定把妳出生那天的事
　　　記得一清二楚，就像剛發生一樣。🌷

> 梅蘭妮：嗨～我這周在忙。希望你一切都好。這周要
> 　　　　不要電話聊看看？（手機號碼）

湯姆：很高興妳回我。我禮拜六要去歐洲，要聊的
　　　話，希望可以在我出發之前。我很期待用語音
　　　聊，還有一起規劃晚餐！😎😀🌷

湯姆：來聊吧。妳可能會覺得我的聲音很噁心，然後
　　　就不想一起吃晚餐了。還是要等我這趟回來，
　　　可是感覺要等好久喔！🌷

湯姆：那個……我打了妳的手機，不過沒有留言。也
　　　有傳簡訊過去。不會用簡訊轟炸妳，我保證。

湯姆：我寫這麼一大堆，應該是犯了各種網路交友的大
　　　忌吧，不過我想妳可以接受……我保證我不是跟
　　　蹤狂或神經病，只是想說我看了妳的影片，我很
　　　喜歡看到妳和聽妳說話（表情、笑容那些）。祝妳
　　　今天過得充實🌷

最後梅蘭妮和湯姆終於找出時間一起吃晚餐，狀況非常慘烈。她不排斥地回應一連串的奉承，以為自己會很開心。這麼做的同時，她忽略掉他訊息當中透露的重要跡象。

約會時，湯姆一開始讓梅蘭妮選一瓶酒。選完後他說：「好險妳沒有選菜單上最貴的。我約過的所有女生都那樣。她們感覺只是想要分我的老本。」還沒完，從那時開始情況越來越糟。梅蘭妮怪自己浪費一個晚上的時間，但她很快就說出：「其實他傳的訊息就很雷啊……玫瑰咧……！！」

除了湯姆誇張的表達方式，還能從他的標點、表情符號和訊息內容看出哪些事？他可能個性內向（表情符號的使用）、沒安全感（「打算換人」、「跟蹤狂」）、神經質程度高（「噁心」、「跟蹤狂、神經病」）、開放度低（「不太好」、「犯大忌」），更不用說糾纏不休的態度。這不是梅蘭妮這個十分外向、有自信且態度開放的人所尋求的對象。

其實沒有客觀上理想和較差的伴侶。每個人都有適合的對象，適合某甲的人不適合某乙。如果自戀的人讓你感覺很好，那非常棒，但找這種對象時要有心理準備，並要知道這樣的風險和好處。如果害羞、安靜和好預測的類型最讓你安心和自在，那麼就儘管去選擇這樣的人。就像是貓女在《蝙蝠俠大顯神威》（ *Batman Returns* ）中說過：「讓人失望的反而是所謂的普通人。精神變態嚇不到我。至少他們非常投入。」

每個人要好好花時間檢視自己，決定想要找什麼樣的人、喜歡什麼樣的人。我們也要正視這些欲望，並且睜大眼睛看透露出來

的訊號。下一章中，我們不僅會探討潛在對象，也會探索自我。我們會談覺察、自我認知、洞察和克服障礙以了解自己想要什麼。因為比起單純不知道，想知道卻無法得知更糟糕。

解析自己的內在需求
我想要的到底是什麼？

傑瑞德：啊，我們第一個要討論的問題，肯定是妳的玩偶叫什麼名字？

布魯克：沃茲沃思……肯定的啊

傑瑞德：因為它是隻大象？

布魯克：噢，沃茲沃思象我喜歡。但這隻是熊。

傑瑞德：更有支配魄力喔。沃茲沃思肯定是英國來的？

布魯克：沃茲沃思熊肯定是英國的。是像英式甜點一樣療癒的那型，不是愛批判或脫歐派那型。我可沒辦法和那種的睡在一起。

傑瑞德和布魯克藉由討論睡覺抱的玩偶，來探問對方的偏好。在他們嬉鬧的談笑間很早就提到權力、個性和政治立場。傑瑞德暗示自己喜歡更有主導性的女伴，而布魯克則聰明地把自己的個性和

政治傾向（開放、不批判，自由派而非脫歐派）融入談玩偶的曖昧應答之中。

　　無論我們聲稱的偏好如何，找出適合的另一半都必須探究自己真正想要什麼。人很容易因為恐懼、羞愧、自滿或是擔憂，而阻礙尋找的過程。花時間了解自己（意即找出自己的偏好），便能夠採取更勇敢的行動，來尋求自己所要的。覺察越深入，就能帶來更清晰且最終更佳的選擇。

　　多數找伴的網友配對到的對象，跟自己說要尋找的對象天差地別。一份調查四萬一千名澳洲人的大型研究顯示[57]，這些人在交友網站上總是跟口中理想型八竿子打不著的人互動。這使人好奇，哪邊才是真正的指標？是實際做出的行為，還是口中說的偏好？這些人與無意識中受到吸引的對象配對，還是他們的行為與真心的渴望相違背？

　　隨著對戀愛的期望演變，決策變得更加複雜。過去唯一的問題是：「我該跟誰結婚？」現在的感情關係不是依循一套嚴謹規則，而是因為充滿矛盾的需求而變得曲折。最核心的問題可能會是：「我要投入哪種關係？」

　　我們現在先不管「他人」，先來多了解「自己」——我們的期望、困惑、渴望以及偏好，也就是與戀愛相關的各種特性。這樣一來，我們就能釐清自己真正要找什麼，然後更進一步來討論交友議題。理解自己想要和需要什麼，首先要著眼的是自我覺察，我們將會了解看清自己有時實在不容易。

☛ 探索自己的意識與行為

有個重要常識是，人往往不知道自己想要什麼。這個概念在學術界、上下議院、法院、教堂和避難所都適用，不僅在華爾街響徹雲霄，也充斥了麥迪遜大道（Madison Avenue，位於紐約曼哈頓）。這些機構意圖用我們「理應」想要的內容，來填充對於自知的匱乏。在各種意見和教義大聲轟鳴之下，很少給人空間去探討自己內心的驅力。我們不斷被告知自己該想要什麼東西。

這些熙熙攘攘中，藏著時時困擾人類的提問：我們是誰？我們為什麼會做出平常有的行為？有可靠的方法能找出答案嗎？社會科學為了回應這些提問而出現，卻只讓問題有增無減。

心理學家提摩西・威爾森（Timothy Wilson）在開創性著作《自己就是陌生人》（*Strangers to Ourselves*）中 [58]，描述人類追尋自我認知的歷程，並提出實用的達成途徑。核心的問題在於我們心中懷抱的意圖，絕大多數屬於無意識領域。威爾森說道：「佛洛伊德說意識是人類精神的冰山一角，其實是言過其實了。與其說是一角，根本只能說是上面的一團小雪球而已。」這表示真實的我們被埋藏在我們觸及不到的內心範圍嗎？也不盡然。

佛洛伊德提到無意識時，特別用大寫來彰顯這個概念——「Unconscious」。他建構的理論中，這是個人在出生後終其一生封鎖的密庫，需要經年累月的精神分析才能夠解開。唯有透過如此，我們才能夠取得用以驅動自己的封印記憶。這個概念既誘人又充滿張力：誰知道深藏內心的欲望、寄宿在我們夢中的暗黑祕密？結

果知道的人，只有我們的精神科醫師。（或許也包含你的美髮設計師。）好萊塢熱愛這點子，低俗刊物也拿來大肆炒作。不過精神分析仍被視為不符合科學，受到現代心理學駁斥。行為學家則意氣昂揚地表示內心不重要，只有外顯行為揭露出真實的自己。是「存在」推動「行為」，抑或是「行為」推動「存在」？這個長久的矛盾歸結於寇特・馮內果（Kurt Vonnegut Jr.）說的一則笑話[59]：

「存在即行動。」──蘇格拉底
「行動即存在。」──尚─保羅・沙特（Jean-Paul Sartre）
「嘟比嘟比嘟*。」──法蘭克・辛納屈（Frank Sinatra）

現在，心智與行為的研究雙雙蓬勃發展，兩者之間變得密不可分。無意識不再被視為無法破解的孤柱，而是由相互纏雜且各司其職的部門組成的複雜系統。而行為則是用來探知無意識心靈如何運作的最佳途徑。雖然我們無法輕易提取無意識的內容，但能透過有意識的方式來進行轉換。

無意識的最新發展稱為「適應性無意識」（adaptive unconscious），也有「認知無意識」或「內隱／自動思考」等不同講法，這是每種類別的心理學家新的探索場域。以科學論文而言，幾乎都會牽扯上聽起來不科學的用語，像是「神祕」和「直覺」，並且被描述為介

---

* 前兩句分別為「To be is to do」、「To do is to be」，第三句「Do be do be do」則是破除意義取其荒誕聲音組成的節奏。

於夢與現實之間的過渡區。誰會想到社會科學這麼文青呢？我個人喜歡講「適應性無意識」，因為除了用來描述無意識如何與我們一同演進，並對人的生存具備重大意義之外，也反映出我們在理解上所遭遇的困難。

現在眾人只知我們的心理進程多半不在自己能覺察的範圍之中，而我們的自動導航系統裡有多個部門參與其中，另外也有些部門可以開啟或關閉。說來真是謝天謝地。萬一腦袋要不斷重新估算怎麼綁鞋帶，或是如何先抬前腳接著後腳再跟進，整天光搞這些就飽了。萬一每次要認臉，就得搜尋記憶中的每張影像，腦袋會被弄得七葷八素。萬一每一次說話都要從頭開始提取語彙來建構出詞句，就不可能達到溝通的目的。人腦有可以輕鬆取得的有意識區域、需要一些通關要件的潛意識區域，也有通常不會碰觸到的無意識區域。不過，就像是倉庫一樣，不見得所有東西都收得整整齊齊，這就是癥結點所在。

我常說我身為精神治療師的職責，某一部分是需要拿出專注力來玩撲克牌。病患從經歷和思想中的牌組中翻出一張 J，我就要記得他上次什麼時候翻開這張 J，幫它們做出連結，並提醒另一張 J 的存在。

👉 不斷重複的行為模式

這件事情最明顯不過的範例，是我治療一名叫作 D.W. 的病患。他離婚後來找我看診多年（他本人同意我說他的故事），他對

於網路交友的想法非常負面，他認為會上交友網站的女性一定有嚴重的缺陷，不然要在現實生活認識男生很簡單。他身旁的朋友大談網路交友有多方便，但他覺得這麼方便，表示他會遇到懶惰或是缺乏社交技巧的女性。他們給他看上面有多少選擇，他眼中見到的卻是一堆被拒絕的情況。他們強調還沒開始約會前可以先傳訊息認識女方，他則預期接下來會有一連串無聊的對話。

最後，D.W.勉強下載軟體，結果一整年下來，他的猜測都說中了。他的故事好笑卻也有著淡淡的哀傷：有次他載女生回家時，對方在車上睡著了。另一個女生一連兩小時都在講她的網路交友經驗有多糟糕；還有另一個是第一次約會時，對方就想要他留下來過夜，因為怕會有壞人跑進她家強暴她。以上對象加上其他人，都讓他覺得沒魅力、蠢笨又神經質。我半開玩笑問他為什麼要跟這些沒魅力、蠢笨又神經質的女生約會。他說：「因為網路上只有這些人。」

D.W. 繼續網路交友，結果約會的經驗變好了，不過奇怪的是仍然沒有成果。他約過許多有魅力、成功且活潑外向的女生，他表示與對方很合得來且「性」趣相投，但每一次都因為一些小事情讓他受不了，而突然斷送關係。

之所以會這樣有幾個因素：我們花時間了解了他的情感依附類型，以及對於親密關係的恐懼，但 D.W. 一開始就對網路交友有嚴重的偏見，接下來好長一段時間都在潛意識中跟印證他偏見的女生約會。他蒐集到的資料中，多數都驗證了他起初的刻板印象，也就是「用交友軟體的女生都是次等的伴侶，甚至是次等的人」。這想法成

為了「基模」（schema）──由既有成見構成的心理結構，經過強化後會變得自動化且無意識。於是他忍不住不斷去重複這個模式。

基模對於有組織的心智功能非常重要。這是用來將環境做出歸類的心理分類法，也可能成為僵化的結構，一旦定型後，就很難用有意識的方式覆蓋掉。就算有人跟我們說一條齜牙咧嘴、想扯開鍊條的狗其實很友善，但我們心中咬人狗的基模會反駁這想法，因此讓我們不敢去摸那條狗。同樣道理，另一個討厭特定品種狗的基模也會受到強化，狀況便如此延續下去。基模力量強大，任何相牴觸的資料都會被視為例外、錯誤或是錯覺。

約翰：我和妳聊得很愉快，想跟妳分享一件事。我跟太太分居快要一年了，是我主動提出的。如果妳在意，我可以理解，也會尊重妳的想法。任何回覆都很歡迎。

約翰：我不打算從別的女人身上得到情感支持，來了結自己的婚姻。但我覺得講開來比較好，這樣才是對的。

伊莉莎白：謝謝你告訴我。抱歉我這周在忙。我很樂意講電話或是見面。至於分居的事，你這樣講清楚很好。但依照我的經驗，「分居但還沒離婚」我無法接受。

伊莉莎白：請不要覺得我反應過度⋯⋯我只是不想當

填補空虛的備胎☺

約翰：我知道有些人過去在這方面有不好的經驗，這點我接受。如果我有類似經歷的話，也可能會這樣覺得。

約翰：說出來妳應該感覺比較舒服。我不覺得那樣是反應過度。我大概會說妳相信直覺是對的。很高興跟妳配對成功，或許未來有機會再見。我覺得跟妳聊天很有趣，也讓我很開心。給妳鍵盤抱抱。☺☺

這段訊息交流中，伊莉莎白和約翰提到的過去關係，可以當作是現存基模的證據。伊莉莎白表示，她對於還沒離婚的男人有過不好的經驗。儘管她說她能用開放態度來看而願意見面，但她所說的話似乎讓對話提早畫下句點。從約翰正式的說話語氣，看不出他是不是在避免被拒絕（以前可能曾因分居狀態而被甩掉？），或是他真的認為伊莉莎白該相信自己的直覺。這兩人把過去的經歷兜起來看以作為參考，或許是對、或許是錯，不過兩人正視真實恐懼，都能帶來助益。

☛ 了解自己行為背後的動機

　　從科學的定義來看，「內省」（introspection）是指以自身為觀察對象的一種觀察行為。這句話讓人聽得一頭霧水，可想而知要以此來下結論有多困難。內省是治療的重要主幹，主要目的在於取得「真實自我」，即自己的無意識。就目前所知，這要用於檢視自我的探知途徑是難以達成的。在內省的同時，自己可能會陷於一片**虛談**（confabulation）之中。

　　人的天性避懼空無，心靈亦然。越來越多證據顯示，在對自己的無意識行為缺乏解釋時，我們的有意識心理會自己創造出一套解釋。虛談所做的就是透過編造故事，來將自己不理解的行為合理化。面臨我們解釋不來的行動或是陳述（像是為什麼要右滑某個人、跟女友結束關係等等），在沒有來由和根據的情況下，我們會藉由虛談方式，創造出極為細節且複雜的故事來解釋自己。

　　每個人或多或少都會虛談，有時候是有意識地補強自己記不清楚的事情，也有很多時候是無意識的，原因我們也不曉得。人改變不了事實，但可以改變支持的敘述，來表達出更好接受的結果。

　　例如，D.W. 沒辦法清楚說出他的情感依附模式，導致自己在情感上會對戀愛關係退縮。他還沒得知這個資訊。實際上，他有意識的心靈採用完美的理性說詞，以繁瑣小事解釋自己為什麼要拒絕約會對象。有一次，他手機沒上鎖，放在隨便都看得到的地方，而女生剛好瞄到上面的訊息說了點話，然後他就跟她斷絕關係。他自認為這女生在「打他的主意」，一定會讓他痛不欲生。他說侵犯隱

私這種事情「一次都不能原諒」。後來又想出另一個理由，然後又再多一個新理由。

虛談的這種行為，創造出某種敘事，來連結那些我們不懂得如何連結在一起的事情。這些敘事有時很有用，甚至有療癒的效果。有時候敘事中出現的裂痕，顯示出我們真實的想法和動機。「真不敢相信我會那樣講」就像是口頭上的不小心「走光」：把心中所想突然間說溜嘴。一般而言，在探知自己的無意識領域時，國王不只穿新衣，而是把衣櫃裡所有能穿的都穿上了。

基倫在與安德莉亞交談時，他的動機藏得不深：

> 安德莉亞：我還不熟這軟體怎麼用。我們現在算是在交往了嗎？
>
>> 基倫：交往？妳說交～往？我都要懷孕了咧，妳還在考慮要不要定下來？！？！
>
> 安德莉亞：好啦。我會把 MySpace 的感情狀態更新一下。
>
> 安德莉亞：你住在這邊，還是跟軟體上其他人一樣，只是在疫情放假時待過？
>
>> 基倫：我從火星（酒吧）來的
>
>> 基倫：我住這啦，妳呢？
>
>> 基倫：我直接點好了：要 manana（西班牙文的早上）

> 見個面嗎？

安德莉亞：嗯，我住這。你是西班牙來的，還是在幫
我複習高中程度的西班牙文？

安德莉亞：我早上要開會。我們可以先電話聊看看，
才不會無聊到讓對方哭出來。

> 基倫：妳猶太教水瓶座，我猶太教天主座

> 基倫：不是，我是說我是天主教水瓶座

> 基倫：我完美的胸毛後面是虎紋孔雀魚唷

> 基倫：我們不會讓對方無聊啦

> 基倫：無聊的話就開始親親，然後就無聊不起來了

先別管穿衣問題。基倫打著赤膊，穿夾腳拖配短褲進了派對。一眼就可以把這個人看透，不用分析。不過對多數人來說，我們的動機經過精心包裝，沒這麼容易看見。

我們真正的動機從衣著下露出來探頭時，我們往往會想辦法合理化。哈佛商學院諾頓所做的知名實驗是[60]，給男大學生兩個訂購運動雜誌的選項，一個有泳裝特集，另一個則有「年度十大運動員」特集，不過其他地方沒什麼差別。這些人幾乎都選擇有泳裝的那本。問他們為什麼這麼選擇時，他們通常會拿裡頭文章有的特色來做解釋。這份研究與其他研究表明，當人遇到自己的行為與期望的自我觀感不同時，他們會用理性的藉口來合理化自己的行為

（「我右滑他是因為他到動物收容所當志工」，而不是「我喜歡他在海灘打赤膊那張照片」）。選了好講出口、易接受的答案，比面對較艱難、不堪的答案容易許多。

被要求列出選擇對象的理由時，大家的感受和態度會轉變。他們列出越多理由，可觀測到的項目就改變越多。聽著另一半說話聲會感到安心的講法，會變成「我喜歡另一半的聲音是因為……」，然後以這個「因為」來當作是原因。一開始那種安心感就會被蓋過。人的大腦很懶惰，一旦選定某種推論，就不會再去探索自己真正的感覺。

曾經一個男生跟我交往幾周後提分手，他說原因是我的臀部太窄。無論是網路交友或其他情感關係，我們會把大腦傳達出的強烈直覺訊號給蓋過去，遮蔽了自己真正想要的事物。假設這個人真的想要寬臀的對象，我們初次見面時他就可以看出來。又或許，這就跟 D.W. 的情況一樣，只是他堅持的一種說詞罷了——用來掩飾無法或不願意投入長期關係。把「感情」的英文字「relationship」拆解成「關係」（relations）和「臀部」（hip）兩部分，無論他是想要著重於後者的身材部分，還是忽略掉建立關係的部分，他要是早早辨識出這點，就能為我們兩人都省下力氣。人難免會犯這個毛病——忽略掉震耳欲聾的訊號，而硬是要前進。我們理性上想著，某個人能跟我配對成功，是因為達成一些標準，或是符合拼湊出來的理想條件，而這跟我們的「真實」渴望毫不相干。

尤蘭達在考慮要不要從傳訊進階到見面時，問了迪特身高多少。迪特回覆時對她可能有的理想條件清單開了玩笑：

尤蘭達：現在，不免俗地問一下……你姓什麼？大概
　　　　多高？我想知道我們站在一起時會是平視對
　　　　方，還是我會仰望或俯視你 ;)

迪特：我剛傳駕照的照片給妳了，這樣會不會是 TMI
　　　啊＊？

尤蘭達：是不會啦。我應該會抬頭看你，或許還會向
　　　　你看齊耶。你會往下看我，希望不要看不起
　　　　我。還好你體重比我重，因為我本身比較肉。
　　　　給你看我的駕照。

尤蘭達：還有，你那張照片看起來好像連續殺人魔
　　　　喔。

迪特：我以前沒這樣過耶，交換駕照居然會心跳加
　　　速。

尤蘭達：抱歉說你像連續殺人魔。希望你不要做噩夢
　　　　或有不好的想法。

迪特：我鄙視「連續」殺人魔。我都會認真地一個一
　　　個來。

＊　透露太多資訊（too much information），簡稱 TMI，後續章節將再提及。

你可能想像著，在內省過程中，我們更加了解自己尋求的事物和原因，並因此能獲得更多滿足感。但這可能是錯誤的想法。休斯頓大學維多利亞分校（University of Houston-Victoria）的行為科學教授里克・哈林頓（Rick Harrington）與團隊做的研究表明[61]，時常內省的人更備感壓力、憂鬱和焦慮，且更獨善其身，並且感覺在生活和選擇時的掌控感低。

相較之下，心理學家安東尼・格蘭特（Anthony Grant）表示[62]，高洞察能力者的人際關係較堅定，更能控制自己的選擇，並且自我接納和快樂的程度都更高。那麼要怎麼區別內省和洞察呢？要怎麼從「思索」自我走到「了解」自我？想要了解的話，就必須放下佛洛伊德奠定下來的迷思：要挖掘心靈才能獲取資訊。我們其實手邊即有一些可行的做法。

☛ 自我覺察技巧一：指名

第一個技巧如同塔莎・歐里希（Tasha Eurich）在著作《深度洞察力》（*Insight*）[63]中介紹的，**要問自己有什麼實際感受，而不是為什麼會有這種感受，也就是「指名」（naming）的過程。在不帶批判的情況下，觀察自身感受更可能產生較高的自我認知。**而一般人在出現自己無法解釋的感受時，容易感到困頓。他們慢慢被導引到指名的做法時，「困頓感」就會減緩，並且找出埋藏其下的感受。問問自己喜歡另一半哪些事情，而先擱下喜歡的原因時，我們更易找出尋求的事物。

朱利安表明自己已婚，並在尋求開放式關係。瑞塔在交友軟體跟他配對後，如下主動開話題：

> 瑞塔：所以是腦婆滿足不了腦公嗎？還是她其實不知道？尼們是多重伴侶嗎？
>
> > 朱利安：沒錯，已經持續十年了。透過不同人滿足自己的需求很棒，這樣可以維持平衡，不會只能靠一個人，尤其是那件事。這對安排行程、培養多元興趣和傾向都很好……
> >
> > 朱利安：妳想找怎樣的關係？
>
> 瑞塔：抱歉，我沒辦法接受已婚人士。雖然我猜你床上功夫很行，而且你簡直是神顏啊，殘念。我應該是這裡的少數清流吧😊😇
>
> 瑞塔：P.S. 我是來約砲的。

得幫瑞塔說點話。她要找隨興的關係，心知自己不希望還要爭取元配同意，才能跟對方上床。她很清楚自己想要什麼，還有從哪找到。

如果不能對自己坦白，世間有再多訊息解讀工具（包含本書收錄的）都枉然。如果某個癖好很重要，不要認為必須遮掩、控制或是導正，去好好理解通常會比較好。如果對你個人而言，關係中有

自己的空間很重要，不要被咄咄逼人到難以喘氣，你就可以去尋找不需要每周都膩在一起的對象。光是一味控制你的渴望，恐怕會在你的人設和真實個性之間製造出鴻溝。真正的洞察是要釐清自己的思路和感受，包含正面和負面的。

好或壞的表面人設

瑞秋像是一陣暴風般衝入我的看診室。光說她這人有鬥志，就好比是把法拉利說成只是跑快點的車。她是事業有成的外科醫師，在醫學名校擔任兼職教授，出任兩個董事會委員，每天運動兩小時以上。想當然耳，她在交友方面也是驚濤駭浪，因為想要定下來並成立家庭。她的身心簡直是能用來鑄造的液態鋼。

我們開始診療前幾刻，她無一例外都會大哭一場。

瑞秋十二年來攻讀大學和研究所後，學位越來越高，陸續取得獎項和獎金，身旁從不缺男友，而每當她進入真實世界後就會突然甩掉對方。因為她的人生充滿著研究，且多年來都在感情中受到呵護，她在看診時常常表現出情感上的生澀，即使在其他方面都很懂得世故。

經過讓她抽光我面紙的最初十分鐘後，她就會重振精神、把頭髮披散在她雕塑有成的三角肌上、撫平裙擺，然後開始講最近一場失戀故事。故事都是類似主題，稍加點不同花樣。她在交友軟體上認識男生，對方通常很霸氣陽剛，睪固酮爆表。他們沒幾天就擦出火花。她伺候他的所有需求，百般去討好，從演練《愛經》（*Kama*

Sutra）到實行齊克果（Søren Kierkegaard*）思想。他就像是剽悍的騎士將她攻陷。

　　幾周之後，狀況就急轉直下。她那大膽的貓性子搖身一變成為軟綿小熊，比起傳火辣訊息，更喜歡跟情人依偎在一起，不再打得火熱，而是洗手做羹湯，也開始認真睡覺。幾天之後她就會收到無法避免的噩耗：對方覺得這樣太親密了（或是親密度不夠），讓人聯想到自己的姐姐或是媽媽，感覺就是時機不太對，整個不對盤，於是郎君一去不回頭。

　　她把故事娓娓道來時，那種陪客藝妓的恭順形象跟我面前所見的人完全不搭，也和她口吻堅定、眼神直視以及挺直背脊的形象不符。雖然她常覺得自己被動、只想要跟平等的伴侶好好過生活，但她也承認自己喜歡主導。她會主動求歡，也常常說要就要。沒在滾床單時，她喜歡知性對談或是運動，其他事情容易讓她焦慮又浮躁。她的生活是壁壘分明的隔間，像是只有動作場景的影片。在她眼中，對她這些活動規劃沒興趣的男性差強人意。

　　瑞秋的「人設」非常不同於她的「人格」，而她不太注意到兩者間的落差。她受到某種特定類型的男性吸引，而她在無意識中圍繞著這個類型發展出表面人設。但她的表面人設不夠穩固與持久，當她的真實個性顯露出來時，她的約翰・韋恩（John Wayne）式鐵漢男伴可不想等著被趕，而是第一時間自己奪門而出。

---

* 1813 年出生的丹麥神學家、哲學家及作家，是名虔誠基督徒，受譽為存在主義之父。提倡的一個知名思想觀念為「信仰的飛越」（leap of faith/qualitative leap）。

在接下來的討論內容中，在考量驅使我們的無意識和有意識動機時，切記正解其實不是二選一。兩種都能當作參考，也都值得參考。瑞秋的一大課題，就是要調解她外顯和內隱的自己，我們馬上就會看見了。

👉 自我覺察技巧二：獲取回饋

我們最常想到的主題，大概就是我們自己。我們在自己的腦中建構出一個「我」，看起來似乎永遠不變、不可動搖，但我們其實受制於兩套人格：有意識、建構出來的自我，以及無意識的自我。這兩者之間算是獨立於彼此而存在。有意識的我總是懶散地看重表面和程序，而無意識的我迅速、不費力、不刻意且無法控制。我們用目光掃過全場時，無意識的我早已先讀取訊息。我們開口說話前，無意識的我早已先說了話。我們常常或多或少都注意到自己有著俄羅斯娃娃的層層包覆結構。這時候會產生自我意識，有些人喜歡，也有些人抗拒這件事。我們在這兩個極端之間的光譜位置，能揭露出我們的人際關係，尤其是與另一半的關係。

關於個性的自我認知有許多研究，也就是外顯和內隱自我之間的差異研究。其中有個有趣的落差，存在於「我們以為」朋友、同事和家人對我們的觀感，以及他們對我們的真實觀感之間。以〇到一的量化評分來計算[64]，其中〇分表示完全不同，而一表示完全相同，結果會是〇·一七。換句話說，我們不太能判斷出自己的個性，更不懂得判斷旁人對自己的觀感。相較來看，旁人對

於我們的自我觀感卻表現平穩（分數為〇‧四五）。

這也沒什麼好驚訝的。人往往會努力使周遭的人用與自己同樣的眼光來看待自己。旁人有助於我們理解自身行為，因為他們就近見證我們過去到現在的行為，因此很能夠預測我們未來可能有哪些行為。他們對於我們的無意識行為認知較不受阻礙，而且他們十足關切我們的快樂和成就。

這點出了除了「指名」感受以外，洞察的**第二個技巧：獲取回饋**（feedback）。現在，盡可能拿出開放態度和親和力，然後再跨出簡單的一步，也就是請教朋友意見。從我們信任的對象身上，可以輕鬆取得旁人對自己的觀感，且這觀感通常比我們的自我評估還要值得信賴。

當然，心理治療也能派上用場。身為一名精神科醫師，我培養出深深關心病患的能力，畢竟我能夠見證他們內心最深處的感受。我的職責之一是介於門檻邊，一腳踏在門內（同理他們面臨的現實），另一腳跨出門外（提供客觀的意見回饋）。我必須承認似乎在態度強硬的瑞秋身上看見我年輕時的影子，因此我能夠輕易地同時以客觀和主觀的方式看待她（尤其是她慢不下來的性子）。為了要讓瑞秋有所改變，她必須要正視自己不敢按下暫停鍵的恐懼。往往，要克服對於自我反思的阻礙，就必須要去面對反思時將伴隨出現的焦慮或是脅迫感。

《過著經過審視的生活》（*Living and Examined Life*）一書作者是治療師詹姆斯‧霍利斯（詹姆斯Hollis），他解釋道[65]，能針對自己內在現實進行反思的能力，能帶來茅塞頓開的覺察。他表示，

有時候我們要經歷一場失去、失戀或是多場失戀後，才會不得不反思起來，重新審視自己所做的暫時總結。

對於這些改變一生的際遇，除了指名、獲取回饋外，還有另外三種自我覺察技巧。這些歷程可能很短，也可能終其一生，每個人經歷的長度不一。

☛ 自我覺察技巧三：正念

「正念」（mindfulness）是指名技巧的延伸，指的是在面對特定觸發因子或情況時，不去多加反應、解釋或是過度思考，而僅僅去覺察自己當下的想法、感受以及所做之事。有時候會換個觀點來看待這些想法和感受。雖然採取行動和做有生產力的事情來應對，很有助於提振心情，我也會盡早且時常建議病患那麼做，但是如果做得太過頭，恐怕會變成防衛機制，而阻礙自我檢視。大家隨時用手機、在社群媒體上活動，甚至對軟體上癮，可能都是缺乏正念之有效自我覺察的渙散表現。

有時候我們會使出渾身解數來避免獨自面對自身想法，就像艾美以下所注意到的：

> 艾美：我又回到必須好好靜下心的糟糕狀態了，因為我早上沒完成冥想。所以我又在跟你聊天了。
>
> 特倫斯：我也一直想要跟妳聊天。不過我有注意到妳

暫停冥想幾個小時，之後再繼續的做法。原來可以這樣，長知識了。

艾美：我這麼不自律反而搏得你注意耶。我立志要完成幾種特定的冥想，我最喜歡的慈心禪做法是：「放下執著，重新來過！」

特倫斯：去冥想吧，然後我們再重新來過。

艾美：你人真好。

維吉尼亞大學的心理學家威爾森[66]研究眾人容易精神渙散的情況。他邀請受試者坐在房間中不碰任何手機、書籍、筆等使人分心的物品——因此只能面對自己的內心想法，而沒有其他東西能用來占據思緒。這些人感到非常不自在。他又進一步提出這些人能在靜坐時自主接受電擊的選項。面對沒事可做和接受小幅度電擊之間的選擇，多數受試者選擇接受電擊。威爾森總結表示，人寧願體驗（微小的）痛苦，而不是陪伴自己。

這點其實不令人驚訝。我們有意識的內心天生難以應對當下，而是擔心過去或是恐懼未來。很多人忽視一件事實，那就是自我實現、寧靜、安適甚至是幸福，只能在「當下」體驗到，否則就只能算是回憶或是冀望。人「想要」活在當下，只是不知道如何辦到。

可惜的是，正念的途徑成為一種陳腔濫調。「正念」一詞成為最新的流行語，充斥在流行心理學的販賣機。光是我寫這段話的此時此刻，這個關鍵字的 Google 搜尋結果已經累計兩千零九十億

次，且有七萬本書在談相關主題。現在有各種變化版本，從「正念養狗」到「正念蔬食」應有盡有。正念本身，以一個主題、過程和生活方式而言並沒有不對。但是，商業化的正念偏方，會使人輕忽未經檢視的個人問題。真正的正念需要實踐，而且是因人而異的專用實踐法，而不是人人通用的一套制式課表。

回饋和正念兩個概念[67]，可能相悖於威爾森及哈佛社會心理學教授丹尼爾·吉爾伯特（Daniel Gilbert）所稱的精神免疫系統。這個系統彷彿抵禦細菌、病毒和菌種般，使人免於精神虐待、壓力和批評的困擾，能阻絕威脅到我們自我認知的負面想法，讓人對自己有良好感受。這系統協助我們克服失落感，更能夠接納和有包容心，並維持一定程度的樂觀狀態。威爾森和吉爾伯特使用生物學當類比，表示精神免疫系統可能失去功用，或甚至對付起自己來。我們可能會產生一些正面的錯覺，把窗戶貼滿笑臉海報而擋住光線。

瑞秋花很多時間防堵弱點。她對外在世界散發出充滿力量的氣場，但在看診一段時間後，她的脆弱面便會顯現，與她告訴其他人的說法背道而馳。她對於力量的感受充滿矛盾：她究竟希望「主導」局面到什麼程度？有時候跟愛主導的男性在一起能讓她放鬆，因為她可以放下自己主導事情的需求。她既想要為人神魂顛倒，又想要維持主場。只有在放慢腳步，衡量自己對於控制欲的矛盾時，她才能夠辨識出耽誤自己戀情的行為模式。

靜心陪伴自己的思緒和感受，並且不帶批判眼光地進行觀察，能讓我們保持開放心胸來了解自己，就算得知的結果不同於我們原本看待自己和世界的觀感。

☞ 自我覺察技巧四：比較行為模式

正念絕對能帶來收穫，不過還有**第四種技巧能用來洞察自己真實想要的事物，那就是比較自己過去做過的預測與實際獲得的結果**。這就是所謂的「模式辨識」。

情緒模式不易辨識的原因有數種。其一，記憶是重建出的過程，每次在回想一件事情時，細節會經過添加、改動或是刪減。我們也會遇到影響力偏誤，這指的是根據自己對於過去不盡確實的記憶，而低估或是高估了將來受到的情緒影響程度。如果兩個目標同時在移動時，要畫出兩者之間的連線並不容易。不過，如果追蹤過去預測的狀況時，因為已有明確結果可參照，就能更務實地評估當前的期望。

一旦模式變得明朗，通常就能獲得洞察結果。模式讓我們看出自己其實有著自主性（agency，又稱能動性），而不是自己生活旅程中的後座乘客。這讓我聯想到一句俗話——「瘋癲就是不斷做同一件事，卻期望有不同結果。」前面提到模式辨識時，我指的是努力去正視自己（瘋癲地）重複做著的事。

這就是我用來譬喻的卡牌遊戲出場時機。想到上一次我們有某種特定表現以及結果，並拿來跟當前經歷做比較，就更能夠指出感情的發展結果。我會在旁提醒病患，他們上一次也表達過某種想法，或是有某種感受。運用有意識的正念覺察，你也可以自己練習。

艾蜜莉把這點銘記在心。她在交友軟體上收到伊芙第一次傳給

她的訊息如下：

> 伊芙：妳的自介基本上該講的都有講到耶，超棒，我不必用
> 手機的小螢幕看一大堆字，就知道應該要傳訊息給
> 妳。妳禮拜天過得怎樣？

艾蜜莉收到這條訊息時，她剛與另一個女性結束一段很久的感情。她無法相信陌生人居然會說自己有吸引力。她當時對自己的想法完全不是那麼一回事，因此拒絕對方了。回頭看她過去的預測（訊息太直接而不值得回覆）以及已知結果（她恐怕錯過一次機會），她了解到自己的預設立場，以及未來要如何用更好的方式，來應對過去使她不知所措的情境。

她反思：「我之前曾認定這個人實在太強勢，而現在搞不清楚當初怎麼會那樣想。其實她說的話很友善。」

☛ 自我覺察技巧五：觀察全局

如同我們所見，吸引力和偏好往往受到無意識動機的驅使。在對象明確的約會情境中，也就是網路交友常有的狀況，這一點再正確不過了。我們列出理想伴侶的特質名單時，很少能如實反映我們的感受，甚至在意識中都不知道某些特質是打哪來的。

如此，我們來看看**自我覺察的最後一個實用技巧：超脫眼前所**

見的任何資訊以綜觀大局。

我有個印象很深刻的前輩，他是個受人景仰的天文學家。威廉·希恩博士（Dr. William Sheehan）除了活躍的社區精神科醫師身分，他的豐功偉業還有紅外線大腦成像技術專利、對銀河的組成和演變史的鑽研，以及專門的行星觀測本領。我還是學生時，很嚮往從他對於人體和天體的精確觀察多學一點。我問他怎麼會從天文學家轉換跑道成為精神科醫師。他回答：「我喜歡白天聽完病患所說的話，並了解他們細膩的情感生活之後，晚上回家後去仰望星空，領悟到俗世的小小煩憂其實微不足道。」

希恩博士所說的話讓我大為感動，完美詮釋了如何把當前自己用望遠鏡或顯微鏡去看的視野放得更遠。與其聚焦於某個障礙，不如去看我們對於生活敘事的發展歷程，就像威爾森所說的，成為自己的自傳寫手[68]。整頓自己人生歷程的同時，清晰的主題便會浮現，受到珍視的價值觀和熱情也會一目了然。綜合來看，這一切能讓我們明白自己是誰、我們想要成為怎樣的人。

獲得這類資訊，當然對於挑選適當的伴侶有巨大的重要性。我們能夠在條件清單之外，以內心的眼睛看清一個人的全貌──無論是在自己眼前或是從鏡中看到的模樣。不過，我想要引用缺點無損於機智且幽默的哲人伍迪·艾倫（Woody Allen）說的話：「達成合一境界的學習者[69]，就會開始要進入合二階段。」了解陌生的自己並與之和解後，現在必須要進一步踏入我們在交友軟體上的行為：與陌生人傳訊。

該怎麼跟別人聊起來？
不只聊天，更問出自己該知道的訊息

安妮卡：沒那麼容易就放過妳。講三個會讓妳感興趣
的事情。

> 奧莉維亞：好問題。

> 奧莉維亞：三個不夠，我用意識流方式來說，沒有特
> 別去編改喔⋯⋯

> 奧莉維亞：玩心、親吻、心軟、怪咖風格、幽默、肌
> 膚和眼神接觸、契合感、聰明才智、責任感、
> 真誠、陪伴，還有放膽去試、體貼、直接、開
> 放、溫暖⋯⋯

> 奧莉維亞：（呼）

安妮卡：起床看到妳列的，又再慢慢讀了一次，細細
咀嚼每個字。

安妮卡：我真的很喜歡妳列的這些☺

進入夢鄉前，安妮卡丟了一個挑戰題給奧莉維亞思考，醒來後看到使她耳目一新的優質內容，加上美好的感官享受，讓她細細品味一番。奧莉維亞在講她愛的事物時，強調脆弱面和親密感，感覺該有的都列出來了。而且這兩人根本還沒見過面。

大家越來越會在訊息中添加親密感。我們上網交友、打字傳情，並且透露自己的內心深處——如同目前所見，除了透過文字外，還有自己的寫法風格。從這段訊息中可見到**探問和真誠是親密感的基礎，同時要有提問的勇氣，還要願意坦誠，才能產生更深的交流。**

真實度現在很盛行，常見到令人懷疑是不是有打腫臉充胖子的嫌疑。交友軟體上有84％的人[70]表示希望遇到的人能呈現出「真實」自我。有些軟體建議或直接規定使用者使用沒修過圖的照片。一個網站是說「真相大於照騙」。真的假不了，假的真不了，大家很重視濾鏡和修圖問題，現在連虛擬都強調要真實。

很諷刺地，雖然多數人希望對方能流露真情、表露自我，卻有很多人沒有自信照做。一份2019年的白皮書[71]討論交友軟體使用者對於呈現自我的主要顧慮，結果發現有四成的人擔心是否自己夠有趣、夠健談、夠幽默，什麼都要夠才行。Z 世代和千禧年世代的人重視要夠性感。「他人意見恐懼」（FOPO）似乎迎頭趕上了「錯失恐懼」的問題。

這份研究顯示，對於外表的顧慮，被交談技巧和個性的問題取代。女性的擔憂大於男性（至少她們較願意承認）。大家甚至談到

對於分享自己愛好的焦慮，有三分之一的人認為自己也應該要多鑽研潛在對象的愛好。

看到眾人在訊息中糾結於配對者的興趣和偏好，而不是多談自己的部分，實在令人難受。來看看馬克思和蘿蘋初識時所傳的這段訊息。蘿蘋在個人檔案中表示自己喝蘇格蘭酒。

> 馬克思：嗨，蘿蘋！比起蘇格蘭酒，我更喜歡裸麥威士忌*……不過我覺得我們還是相處得來 :) 妳隔離期間喜歡什麼調酒？
>
> > 蘿蘋：噢～我好像沒遇過喜歡喝裸麥的人，我也很愛。我原本想說最愛的調酒是法式七五或是紙飛機，但現在我要改成鬥士酒了。

蘿蘋很快就調整自己對酒的品味來配合新對象。調酒選擇不是什麼宇宙大事，但不敢直說自己喜歡的事物，這件事所透露的跡象卻堪憂。以下交談內容中，雙方都想做出調整，但結果不是很好。

> 馬雅：妳好呀！這個軟體似乎覺得我們很配……哇，那隻獨木舟上的狗狗！想聊的話回我吧。
>
> > 潔西卡：嗨！我很喜歡妳的自介，簡潔有力。我不太

---

* 這段提到的酒款分別是裸麥威士忌（rye）、法式七五（French 75）、紙飛機（Paper plane）以及鬥士酒（Man O'War）。

> 會打很多字聊天，如果妳想要見見面，就來規
> 劃吧。可以打保齡球唷！我不擅長，但覺得很
> 有趣，能找個地方丟丟球很棒，哈！

馬雅：見面我完全OK喔，打保齡球很好玩～我好幾年
沒碰了！

　　從馬雅歡欣鼓舞的聊天風格和「簡潔有力」的個人檔案看來似
乎個性強勢，或許因為如此，潔西卡想要配合她，所以提出動動筋
骨的活動，其實心知自己不怎麼會。結果兩個人都策略錯誤。她們
這樣聊一聊之後並沒有約成，因為馬雅後來跟我說：「她認真？保
齡球耶？」

　　凱對於跟陌生人搭話感到焦慮，但他還是用心找了莉雅聊天：

凱：我很愛妳的音樂品味

> 莉雅：哇謝謝！！☺☺

凱：我沒想過湯姆·米施和蜜桃貓朵佳*居然會有重疊
的粉絲耶哈哈

> 莉雅：哇哈哈

> 莉雅：欸，不是我愛講，但我在 2018、2019 年她還

---

* 　Tom Misch 和 Doja Cat。

> 沒紅之前，我就超愛她了～哈

> 莉雅：不過反正好音樂就是好音樂

凱：說實話我第一次聽她唱歌是〈MOOO！〉那首

凱：那就是我對她的第一印象

凱：沒關係，我自己也是很愛講

> 莉雅：哈哈我懂

> 莉雅：那首歌剛出的時候，戴維斯*每個人都很迷她
> 欸。一定的啊，還用說ㄇ

凱：媽呀超酷的耶

凱：算國民流行歌了吧？

凱用稱讚起頭，然後在肯定莉雅的同時也稍加調侃。莉雅的迴響不錯。他們之間的對話外人可能聽得霧煞煞。有些人比較擅長表露自己和說出偏好。威爾是這樣跟我開啟對話的：

威爾：嗨，蜜米。我們有很多共同好惡耶。我很喜歡
　　　妳會笑的眼睛。我在舊金山，妳呢？

> 我：嗨，威爾。舊金山唷！火人祭**照片很酷。我自

---

* 　Davis，加州城市。

** Burning Man，美國內華達州黑石沙漠（Black Rock Desert）年度慶典。

> 己沒有 po，但也玩得很愉快。

> 威爾：我當初也在掙扎要不要po，因為許多人不理
> 解。就好像是說自己吃素……他們連考慮都不
> 考慮，或是不管原因，先跑得遠遠的再說。對
> 了……我吃素。妳要跑掉了嗎？

> 我：哈，沒有，我沒有要跑，除非是在說晨跑。

威爾想讓我立刻知道他吃素，同時也說出他想要找對於不同體驗抱持開放態度的人。後者對他來說可能更加重要。

👉 一開始要先營造形象，還是先揭露真相？

真實呈現自己的某些個性面向，有時簡單有時難，尤其對象是陌生人。我們從小就被教導拍照看鏡頭要笑、要分享、要跟同儕好好相處，還要有親和力，不管自己喜不喜歡或是不是那樣的人。因為每個人都被訓練多少要裝一下樣子，導致每個人都習慣假設其他人也是裝出來的。很難知道社會建構及真實情況之間的分野。修飾品味、期望和風格來迎合他人，就是親和力表現的基本，就像是變色龍的天性。與陌生人傳訊時，大家自然而然會認定每個人都要盡可能一開始就展現親和的樣子，更深入了解彼此後就會逐漸現出原形。

以我跟艾力克斯的聊天內容為例，我已經盡量不故意表現親和，但現在回頭來看，也不能否認當時有刻意營造形象：

艾力克斯：我猜妳工作很忙，這周能見面嗎？

> 我：你好呀。抱歉晚回了。我昨晚工作到很晚，今晚和明晚也有工作上的活動要參加。

艾力克斯：聽起來像是忙碌矽谷醫師的日常 :)

> 我：我在今天工作前確實忙到不行

艾力克斯：哇靠，妳也太有成就了吧？

> 我：有成就？你說 moi？這個字是法文的「我」

艾力克斯：沒錯，我正用手指著妳！

> 我：用手指人不禮貌喔。

艾力克斯：好吧，我用眼角餘光瞄妳

> 我：我在臉書的員工餐廳吃千卡餐。有蛋、培根、馬鈴薯、優格、水果

艾力克斯：妳這樣更像有成就的人了，還順口把臉書的名字搬出來。

> 我：我把有成就的人當早餐在吃

艾力克斯：聽說他們很可口，我自己是沒吃過。

> 我：他們通常瘦瘦的，熱量比培根還有香煎薯餅低

艾力克斯：什麼時候能見面？妳這樣我都要苦苦哀求了。

把自己塑造成表面上友善親和的人（我的話還搭配了盡責度和驅動力）本身很重要，但也不該犧牲掉探問的機會。提問不只是更深入認識人的關鍵，也是有效表露真實自我的方法。**你提出的問題不僅表現出對他人的關切，也給自己機會表達自己的興趣。**

想要好好知道對方是怎麼樣的人，要讓對方回應重要主題時不加防備。想要得到適用的答案，就需要問對問題。第二章中我們考量過自己想要尋求的特質、期望的關係、能打動自己的性格和傾向。第三章中我們開始去克服對於成功配對的阻礙，也就是探索自己。現在，我們要開始透過一段對話尋找並過濾出需要的資訊，而且過程中要能夠獲得最誠實而開放的回應，也就是最佳數據。

☞ 怎麼把重要問題問出口？

有些能問出重要答案的問題不好問出口。

俗話說，魔鬼藏在細節裡。在交友軟體發展的早期[72]，eHarmony 要求有興趣的客戶填答落落長的問卷，裡頭問了各式各樣的偏好，提到的問題很私人卻也有務實的考量，像是「你多在意體味？」或是「你願意跟其他人共用牙刷嗎？」多數人認為拿這些問題詢問潛在對象普遍難以接受，這些事情要自己被動觀察並自行做判斷。不過，我們對約會對象仍有確實應該了解的事，包含加分條件和扣分條件。我們要怎麼用最佳方式，運用「可以」問出口的問題呢？

男性在第一次傳訊息能得到答覆的機會，只有女性的一半不

到，傳訊後成功約出來的機率又更低了。女性在網路交友占了上風是不爭的事實。她們手中握有所有卡牌，滿是 A 和鬼牌可用。

自認害羞？被動？在交友軟體被狠狠傷過？只要你懂得如何出牌，以上都無所謂。現在，我們要來看看如何提問，以幫助你找出想尋求的目標。更重要的是，如何避免自己不想要的情況。在深度交流中，我們兼用語言和數據來為說話對象建立出清楚的形象：他們的人格、情感依附模式，甚至有時候也能看出他們的精神狀況。

畢竟，提問是培養感情的基礎。哈佛商學院的一份研究[73]追蹤了快速約會參與者問了多少問題。資料顯示，提出的問題與人氣之間有正關係。想要受人喜歡？那就一直問問問，終能有所收穫。

這裡提出黃金原則：簡短的問題比較好。（尤其男性會回覆簡短問題）。你可能不曉得要多簡短。越短越好。資料科學顯示[74]一旦訊息超過三百六十個字元，男性就可能會被嚇跑。訊息寫很長，好比是臉上有刺青一樣。

切記最棒的提問本身可以不是一個問題，而是能使人透露訊息的陳述。如果你參與過心理治療，可能有注意到治療師常會提出反思式陳述，而不是直接提問。直接提問固然有效，但陳述能讓對話可通往多種方向，能從各種延伸話題更佳掌握交談對象的整體形象。

學學優秀的治療師，努力讓配對對象自在放下戒備，講出關於自己的真實狀況。目標是探問資訊時別搞得像精神科問診，但能夠確實獲取實用資訊。

想想看人類的好朋友——狗，如何處理這種尋求資訊的情境。

牠們直攻「底部」（對狗來說就是屁股）。聽起來很粗俗，但其實是很科學的做法。狗能得知剛遇上的對象是公是母、年紀多大、過去是否見過、平常吃什麼、健康或生病，甚至是心情好不好。全部只要嗅一嗅就知道。

　　初次傳的訊息就類似狗聞氣味一樣，要用來快速衡量你遇到的對象。來看看克里斯和莫莉之間最初的交流。一開始看似很有戲，但錯過了把話題加深的機會：

克里斯：妳有兩個姊妹？

莫莉：對呀，你呢？

克里斯：有九個

莫莉：太扯了

克里斯：嗯

克里斯：還有一個哥哥

莫莉：原來如此

克里斯：妳年紀最小？

莫莉：對喔

莫莉：看看我們有好多共同點！

莫莉：根本同一個人吧！

克里斯：我也是這麼覺得

克里斯：都是深褐髮

克里斯：然後有點瘋

　　莫莉：有點而已

　　莫莉：好的那種瘋

克里斯：😬

　　莫莉：所以你是科技男？

　　莫莉：我剛從健身房回來

克里斯：可以猜到

　　莫莉：我還有什麼可以猜到的？

克里斯：妳一定是用手機叫Uber送妳過去

　　莫莉：唉唷，拜託

克里斯：妳翹掉公司聚餐去健身嗎？

克里斯：要不要出來喝一杯？

　　這段交流長度很長，提供的資訊卻很少。每一次他們都放棄好奇心，沒有把話聊開。家庭、工作和生活型態的話題都淺嚐即止。現在克里斯提出要喝一杯，而莫莉沒有多少資訊好判斷要不要去。他們應該要多嗅聞氣味，而不只是搖搖尾巴。莫莉如果要多了解

克里斯，可以問問關於家人的事（有一個哥哥──「小時候常被他欺負？」）或是工作及生活型態（「我聽說科技男常爆肝」）來打開新的門，而不是每次互動後就把身後的門給扣上。

話說回來，大家都盡可能用最好的方式踏出第一步，展現出最好的自己。但以網路而言，潛在對象如果想要包裝自我形象是輕而易舉的事，譬如不說自己是寄居在父母家地下室的啃老族。我們聊天的對象很可能對於真實的自己不真誠或不願多談，像在跟精神科醫師談時不願意全招出來。那我們要怎麼知道？

來嗅聞一番吧。

☛ 對方可能在說謊的五個徵兆

撒點小謊是人之常情──盡可能隱惡揚善。也就是說，如果想要辨識出陌生網聊對象是怎樣的人，責任落在我們自己身上。我們要用高超技巧來取得這些資訊，而不是等著對方拱手奉上。他們可能永遠不會那麼做，或至少在前一到三次傳訊時還不會。

一個流傳的說法是：「男性總愛多報兩、三公分的身高，女性總愛少報六、七公斤的體重。」網路交友時要做好這種準備。對方可能用舊照，而自介可能誤導人。從哪些指標能看出訊息中有不實的狀況？面對面時我們能從明顯的肢體語言、語調或是閃爍其詞中看出說謊跡象，而打字訊息不太會有這些線索。

但打字訊息也會有蛛絲馬跡可循。康乃爾（Cornell）調查[75]列出幾項打字訊息中有欺瞞之虞的跡象。

一、有距離感

　　說話上有距離感的顯現方式，往往是省去第一人稱代名詞。陳述或意見符合實際狀況的話，就會講「我」，說謊時則會想要遠離謊言，而把距離拉開，因此可能會完全不用第一人稱代名詞。謊言中也較不會用到第三人稱代名詞，這些都是用來把自己（自我）與謊言切割。我們不能確定史蒂芬有沒有說謊，但他的訊息充滿了可疑跡象：

瑪莉：我打給你好幾次，你都沒回

　　史蒂芬：剛才才看到訊息，幾乎完全當機了

瑪莉：噢，你人在哪？

　　史蒂芬：聖塔芭芭拉*～昨天跟歐洲投資人見面，開車回馬林**拿背包和釣具

二、欠缺細節或抽象表達

　　謊言常常缺少關鍵細節，又或是毫無抽象表達，也就是解釋想法或感受。謊言純粹針對事實。我們可以假設傳訊者要耗費認知能力來建構出謊言，因此缺少了講實話時會有的細微說明和抽象表達。

---

* 　Santa Barbara，加州城市。
** Marin，加州鄉村。

比爾：妳說你們分開多久了？

安琪拉：好一陣子了。和平分手，相處得很好。

三、句子長且一直鬼打牆

目前看到的例子都很簡短，不過撒謊的人常常會在訊息中用更多文字，尤其是「或許」、「也行」這種模糊的用語。撒謊者也會鬼打牆般重複說一樣的事，以為這樣就能弄假成真。

羅伯：沒辦法去看表演了。爛車沒辦法發動。最近才換過發電機和啟動馬達，還仔細檢修。可能是汽油幫浦之類的出問題。總之發動不了。

四、逃避問題

大家不喜歡說謊的感覺，所以會去逃避問題或是用其他問題做回覆。打字傳訊比起當面對談更容易做到這點。撒謊者也會變換話題，希望沒有回答到的不會被發現。

麗莎：欸，你昨晚後來都沒回我

葛瑞格：嘿呀，今天超級忙。

麗莎：我也是。昨晚怎樣？

葛瑞格：嗯嗯，今晚過得怎樣？晚餐吃得愉快嗎？😊

五、保證是真的

特別愛講「說實話」、「我沒唬你」或是「我發誓」這種話，常表示陳述本身不誠實。說實話的人通常覺得，沒必要用起誓來為自己背書。

> 茉莉亞：我不怎麼喜歡流連酒吧，我比較喜歡安靜待在家
>
> > 安迪：說實話，我也不愛泡酒吧了。我沒唬妳～我就算有去酒吧，也是真的隨時都可以走

約會講求尋求共識。對於喜不喜歡泡酒吧說點小謊似乎不礙事。但如果對你而言酒是敏感話題，安迪的回覆絕對是個明顯警訊。

👉 鏡射回映：讓對方卸下防備

界、門、綱、目、科、屬、種，還記得高中生物課學到的分類學嗎？雖然一般人口分類法充滿缺陷，但關於一個人家庭、文化背景、教育程度和生活型態的某些細節，能夠幫助你找出共識，使雙方都能放下心來。這類資訊有可能不會收錄在個人檔案裡頭，或說多半不會。所幸，有其他更好的方法可以用來了解你的聊天對象。

來看看我與喬治的對話：

喬治：妳在舊金山？

我：對，你本來是哪裡人？

喬治：「為什麼覺得我不是本地人」可能更值得問喔☺

我：我沒有假設你從其他地方來啦，只是想問你在哪
　　裡長大。

喬治：還以為妳觀察到什麼哩～有趣。

喬治：希臘。我是族人中唯一沒在滑雪的人……更不
　　用說泰勒馬克式*滑雪！

我：可能紅褲子讓我有些猜測吧……我以前有幾個夏
　　天在希臘度過。

　　喬治一開始不是很願意吐露自己是哪裡人，我自己也變得同樣
防備，但因為我繼續站定立場，他便開始稍微願意講出來，於是有
更多可以鏡射回映（mirroring）的空間。

　　鏡射回映是利用言語溝通及非言語手勢，以將病患的情感和認
知返回到他們身上的一種治療法。每個人都在無意識間做出鏡射行
為。跟有特殊口音的人說話時，我們會降低說話速度，甚至改變自
己的發音。我們在商務會議和初次約會當中，常常會鏡射對方的肢
體語言。天生擅長與人交談的人（更不用說是專業訓練師）更會採

---

*　Telemark，屈膝旋轉的滑雪法。

用鏡射回映技巧。

鏡射回映能加強人的自信，因此減少防備心且能吐露出感受。試圖去理解一個人，而且在肯定他某個經歷面向的同時不多加評判，便能減少給人的壓迫感。這並不表示我們要「假裝」贊同一切以操控對方，或是改變自己的興趣來迎合他人。鏡射回映是用來給對方更多空間，以完整表現自我。

我們有些稱為鏡像神經元的細胞，會在觀察到他人仿照自己行為、言語或表達方式時啟動。這些細胞可能就是用來理解他人行為的神經基礎。神經科學家猜測[76]，缺乏同理心和無法理解他人，起因可能就是鏡像神經元失常。或者說，有認知方面的理解，但缺乏抽象情感的領會，這在較嚴重的自閉症情況會出現。有些腦細胞是用來幫助人更能理解他人的情意。

鏡像映射也是一種魅力的表現。大腦會對這現象產生高濃度多巴胺的感受，刺激大腦的獎賞中心。大腦會想著對方「跟我很像」，那麼對方一定是「喜歡我們」。在缺乏肢體線索的情況下，鏡射能顯現於訊息之中嗎？確實可以，而且常常如此。仿效他人行為，你就可能讓對方更投入你們的對話，並且更能夠了解到他們的真面目。

回到我跟喬治的對話：

> 我：可能紅褲子讓我有些猜測吧……我以前有幾個夏天在希臘度過。

我：很肯定每三個希臘人就有一個叫喬治。

喬治：嗯，這個名字就是來自希臘。

　　我：我有時會去內陸的希臘山區。

喬治：真羨慕妳的童年☺

　　我：只是其中一段時間啦。我在蒙特婁長大，天氣冷
　　　　多了。

喬治：我的祖母名字也叫蜜米喔

　　我：你在灣區待多久了？

喬治：二十三・五年……我變成一個暴躁的老頭，抱
　　　　怨一些酒吧都關了。

　　我：我待了二十六・五年，所以還比你多暴躁三年。

喬治：妳是哪一科的醫師？

喬治：（我這個暴躁的老頭可能需要妳的幫忙）

　　我：我是精神科醫師，所以治療暴躁是我專長。

　　這些訊息中，我表示知道他所講到的一些人事物和人生經驗，他也反過來回饋給我。我也用跟他訊息一樣的長度和語調。輕快對輕快，搞笑對搞笑，短句對短句。我結尾表達接納了他，至少目前認識的他。他個性暴躁，我能應付得來。真要講，我可是專家呢。

一旦取得共識後，我就開始冒點風險。

👉 在對話中丟出變化球

　　一般人在最初的對話都會維持中規中矩，但你真正需要做的是讓配對對象有足夠安全感，而願意離開自己的舒適圈。這也能帶來更多主動、真誠和特別的回應。表現出自己願意做點嘗試，這樣對方也會跟進。

　　擅長說故事的作家大衛・賽德瑞斯（David Sedaris）[77]講了一件從邂逅對象身上獲取細節的精彩軼事，有時候只需要一道簡單的問題就夠了。他說遇到一名女性後，突然莫名地問了她一句：「妳上次一次摸猴子是多久以前？」這麼說後，她回應道：「你聞得出來我身上有猴子味？」

　　像賽德瑞斯這樣投變化球，不僅稍微讓對方失去平衡，還能夠考驗對方的臨場反應力。**對於變化球的反應很能夠顯示出五大人格面向。**態度開放且親和度高的人，更可能會用正面而愉快的方式回覆變化球。回想一下，經驗開放度是指一個人在求知欲、創意和對新奇及變化方面的偏好程度。親和度代表能對他人感同身受，而非起疑心。

　　不是所有人都像賽德瑞斯一樣大膽，但我們還是能讓對話有趣，即使稍微冒險。像是「你做什麼工作？」或是「你今天過得如何？」這類刻板問題，比起提出更意想不到的問題透露更少資訊，也較不易得到對方的回覆。所以，**與其問人過得怎樣，不如問問你觀察到的一件小細節，看看會有什麼結果浮現，又或是追問對方提**

過的主題，看看會得到哪種回覆。

我們來看喬治怎麼應對：

> 我：我是精神科醫師，所以治療暴躁是我專長。
>
> 我：我或許能安排一張沙發給你。
>
> 喬治：從沒有人對我提出這種邀約欸！☺
>
> 喬治：（我有看到妳照片的沙發是劍、匕首和彎刀……之類的東西做出來的）
>
> 我：那其實是鐵王座，不是沙發。照片是我去參加朋友《權力遊戲》主題趴拍的。當然，我沒看過那部影集。
>
> 我：不過我沙發倒是有好幾個，一定能找出適合你的。
>
> 喬治：看來不能呼攏過去了……
>
> 喬治：多重沙發對我來說滿新鮮的……

你可以看出我用含沙射影的方式冒了點險，十足調情的表現，也出現效果。他提出了令人玩味的回答，創了一個新字「多重沙發」，讓我能藉機試探多重伴侶的主題。對於某些尋找對象的人而言，這能帶出更多討論，但對某些人來說，這是個可能導致破局的大雷。

☞ 測試雷點，但不要真的爆炸

每個人都有這種情況，也就是會畫界線，不可踰越的界線。如果太過講求完美，而有太多這種疑慮，可能是自己有些課題要解決，例如要去接受治療。不過，對多數人而言，有雷點是很正常的事。

很慶幸，初期傳的訊息有機會用來討論雷點，成為話題之一。這有些眉角在。譬如，如果酗酒是你的大雷，總不能一上來就問：「所以你是酒鬼嗎？」不過可以在對話中稍微提到酒的主題，看看會有什麼發展。如下我跟喬治偶然聊到多重伴侶的議題（其實是他開頭的），我決定要進一步探索。

喬治：多重沙發對我來說滿新鮮的⋯⋯

> 我：現在，應該要講「多重王座」

> 我：說到這個，「多重伴侶」（polyamory）這講法讓我覺得很奇怪，因為「多重」的「poly」是希臘文，「伴侶」所用的「amory*」卻是拉丁文。

> 我：我執業的看診室不只一間，所以真的有很多個沙發。你的工作跟什麼家具有關？

喬治：妳有很多沙發，又有很多王座？直接嫁給我了吧！

---

* 原本的拉丁文義是「情愛」（loving），「polyamory」一詞習慣譯為「多重伴侶」。

喬治：講明點，自從我結束二十年來的婚姻後，就開
始了多重伴侶「之旅」……

我：了解。就我的經驗，這長期來說不是好策略。

我：你有養什麼哺乳動物嗎？我在你第二張照片看見
可愛的狗。

從「多重沙發」講到「多重伴侶」，我抓緊機會來談可能會踩
雷的主題，卻也沒有讓對話失去繼續的力道。**關鍵在於提出潛在雷**
點時不要破壞互動，或是讓回答變得刻意安撫人（而不真誠）。

以下是提到雷點的不良示範。這是雙方配對後剛開始的訊息：

艾希莉：早安！我要怎麼稱呼你？

喬許：簡稱成「嗷許」就好

喬許：妳怎麼稱呼？😛

艾希莉：叫「艾希莉莉」如何？我去玩環球影城歷險列
車時 ET 這樣叫我。

喬許：真可愛

喬許：所以～認真問，妳對小孩有什麼看法？我真的
很希望某天可以有小孩。

雖然每個人都有自己的雷點，包含反對繁衍後代，不過一下就問女生要不要跟你生小孩，可能只會讓你碰壁。不須多說，這對話啪一聲就沒了。不管是不是雷點，在第四則訊息就談生養孩子，恐怕主題太過嚴肅了。

喬治在離婚後有不同性伴侶感覺稀疏平常，對我來說不是個雷點，不過我想知道他現在是不是有其他投入的事物，像是職業、孩子或是寵物。所以我就問他了。

> 我：了解。就我的經驗，這長期來說不是好策略。
>
> 我：你有養什麼哺乳動物嗎？我在你第二張照片看見可愛的狗。

喬治：狗死了。他已經很老了……而且也不是我的。拿別人過世的寵物來撩妹可能有點道德爭議。

喬治：妳明天要怎麼過？我們聊了好～多～該實體見面了……

該見面，真的嗎？

從喬治那收到數十則回應，且有許多真誠、自我揭露的內容後，我現在可以有憑有據地推測是否想跟他見面。目前可知他個性外向而開放，正在尋求隨興的關係。他承認用了別人家的過世寵物照來撩妹，雖然好笑，但看得出懶惰而缺少盡責度。

這不是很好判斷，因為他確實很幽默。雖然他沒打算定下來，且態度輕浮讓人搖頭，但他腦袋靈光、用詞有創意，因此聊起來很愉快。

雖然這麼說是老哏，但這就會讓人有感覺。人的幽默感非常重要，欠缺的話也會大扣分。現在來看看以下這段，稱不上是熱絡的交流：

> 我：嗨，保羅。很高興認識你。你好嗎？

> 保羅：很好，妳好呀，蜜米

> 保羅：好奇妳有沒有結過婚，有沒有小孩

> 我：你那些狗的背後有什麼故事嗎？滿好奇的。

> 我：兩個答案都是有。我女兒明年上大學，兒子是高一生。

> 保羅：妳要尋找什麼？

> 保羅：感情方面

> 我：哈，你沒在跟人閒聊的吧？

> 保羅：我很健談，但不聊無聊的事，哈哈

> 保羅：跟我說說妳最愛什麼顏色

> 保羅：還有是什麼星座？

> 我：我天蠍座。上周過生日。我錯過你的生日了嗎？

> 我：哪種東西的顏色？

保羅：我就照妳說的那樣閒聊⋯⋯講一下，早上是什麼把妳叫醒？

> 我：我家的狗。我也不怎麼愛閒聊。不過，我覺得問陌生人要尋找什麼關係很魯莽。

我跟保羅之間的互動似乎找不到節奏，雖然雙方可能出發點都是好的。想要了解一個人的幽默感，可能要檢視看看對方用的是哪種幽默。

☞ 關於幽默的各種形式

有什麼好笑的？這問題很重要，因為幽默分好幾種形式。對了，務必要讀讀薩爾瓦托雷・阿塔多（Salvatore Attardo）所寫的九百八十五頁幽默百科。讀完了？那我們繼續談吧。

每個人使用幽默的方式大異其趣，原因也不盡相同。西安大略大學（University of Western Ontario）心理學教授羅德・馬丁（Rod Martin）[78]依照與心理安適感之間的關聯，將幽默感拆解成四種：

1. 與他人連結（增進交情型幽默）
2. 樂觀看待艱難情境並苦中作樂（昇華型幽默）

3. 輕蔑他人（攻擊型幽默）

4. 嘲諷自己（自貶型幽默）

理解一個人的幽默感，也就是此人如何用幽默與他人互動、會不會開玩笑、會不對你說的玩笑話發笑，能發揮重要作用，以洞察出此人在感情關係中可能有的表現。

想測試配對對象的幽默感，首先只需要觀察你們是否有說有笑。來看看我朋友里娜和傑克初次傳的訊息：

> 里娜：這裡人人都在尋找風花雪月。你想找的是什麼？

> 傑克：我要找回我過去弄丟的穩交關係⋯⋯但要約過三次會以後才行。

> 傑克：開玩笑的啦。

里娜決定要仿效他，把他所說的誇示一番，測試他的幽默感，看看他會怎麼接招。

> 里娜：我的原則是約會一次定生死

> 傑克：好喔，妳家住哪？

增進交情型幽默是與他人產生心靈交流的幽默。傑克可能有這個打算，但問里娜家住哪裡讓人感到的不是好笑而是嚇人。他應該講出正面肯定而不像跟蹤狂的話，譬如：「派台計程車過來，我人就馬上到！」里娜就會會心一笑而繼續跟他互動。我們提議時的說法，甚至確切用字都很重要。

　　展現增進交情型幽默的人通常外向、開放且有親和力。以下是李歐和瑞內之間傳的訊息，他們流露出更上一層的增進交情型幽默。

> 李歐：嗨*，瑞內！你好像會去很多地方耶。通常都睡哪呀？
>
> > 瑞內：嗨。我有個朋友笑說「通常」根本就是我的代號。通常啊，如果是義式的，我就尬意**。不過我是住在舊金山
>
> 李歐：早安***！我也是住舊金山！真是巧啊！
>
> > 瑞內：好多共同點！不要考我太深的義大利文，我是講法文長大的，只能靠大學學過的義大利文，但已經是好久以前的事了……
>
> 李歐：我可以幫你多磨練。

---

* 　原文是西班牙文的「ciao」，打招呼或是道別用。
** 原文是義大利文的「mi piace」，意思是「我喜歡」。
***原文是義大利文的「Buongiorno!」，意思是「早安」。此處及後文以常見詞尾表示使用義大利文。

瑞內：這麼狠？

李歐：我很會

瑞內：是開後宮那種很會，還是很會講多種語言？還是都有……

李歐：我以前帶過合唱團。我會講幾種語言。

李歐：說到後宮喔，那裡會陰盛陽衰，排水槽還會積滿頭髮。

瑞內在網路交友的經驗既犀利又有技巧，在這開了一些大膽玩笑，加上鏡射技巧，把對話推到極限並且開闢新的道路。李歐有種爛漫率真的魅力，且敢言敢衝，全在簡短的對話中顯現。

展現第二種昇華型幽默[79]（意指在困境中找出笑點）的人比較不會有憂鬱和焦慮的煩惱，且通常善於應對壓力。以馬丁為例，他平淡無奇的問題開頭，傳給茱莉葉後就沒有下文，於是他用玩笑話扳回一城。

茱莉葉：嗨，馬丁

馬丁：哈囉，茱莉葉，妳感覺很特別。在妳這麼多才藝和成就當中，妳最有成就感的是哪個？

（幾周過後）

> 馬丁：我一個月以來用心電感應傳訊息過去，但都沒
> 在軟體或是以太介質中收到回訊耶……我是不
> 是該調整心電感應接收器了？

茱莉葉：真抱歉，我去了峇里島和紐約，可能路上訊
號斷掉了。會在未來某天回去的（因為我沒有預
知能力）

> 馬丁：我通常能收到峇里島的訊息喔，觀光季除外。
> 紐約則是靈壓太強，目前無法穿透。預知未來
> 是我專長，所以我知道最後妳還是會回我。

雖然馬丁原本最初傳的訊息超過一個月都沒收到回音，但他沒有惱羞成怒或是咄咄逼人，沒有兇巴巴地問：「哈囉？？」而是運用了昇華型幽默幫自己加分，結果讓他得到了回應。馬丁展現出開放態度和親和力，外加堅毅性質，以及山不轉路轉的應變力。

也有些人會用以下這種攻擊型幽默[80]（拿其他人開刀），他們通常不顧他人感受，而且不意外，這很難使人情場得意。冒犯的方式是沒辦法擄獲芳心的。

蘿倫：嗨，湯姆

> 湯姆：蘿倫，妳進度不錯喔！

蘿倫：是嗎？我只是很高興剛繳完稅而已

湯姆：請不要說色色的話，要先等我們熟一點

蘿倫：你今天打算怎麼過？

湯姆：打理一下家裡，然後爬個山吧，也可能跟妳共進晚餐？

蘿倫：地面這麼濕還要去爬山？我剛跑步回家，都變落湯雞了。

湯姆：東邊是乾的！天氣晴朗。

蘿倫：是說灣區東邊？還是東區？

湯姆：沒錯。

蘿倫：唉……我問 A 或 B 時我爸就會這樣回。

湯姆：唉呦，戀父情結。我年紀是比妳大啦。

蘿倫：我的狗狗跟我一起跑步，故意到處踩水坑，玩得很開心。她也喜歡跟我一起游泳和滑雪。

湯姆：甲狀腺亢進外加心肌症，我看活不過三年。

蘿倫：沒關係，生活品質比較重要。

湯姆：那可不

蘿倫：四年後小孩子就要離家念書了。

湯姆：有夢最美

湯姆腦袋動很快，可想而知。但在這短短的訊息中，他一下子就讓蘿倫敬而遠之。他調侃她有「戀父情結」、小狗健康問題，還有小孩子上大學的可能性。只講一次可能好笑而為對話增色，但一連三發？不懂適可而止又滿是惡意，有完沒完啊。

最後，使用最後一種自貶型幽默的人可能很搞笑而有魅力，但也可能傷及自尊。他們一般而言不快樂且焦慮，對於感情關係滿意度低，以里安為例：

> 亞歷珊卓：嗨，里安。希望你周末過得還愉快。
>
> > 里安：很好喔，去朋友家耍廢一個周末後剛下船……尼呢？
> >
> > 里安：我必須承認在妳的智慧、成就和美貌面前……我光是想約喝咖啡就瑟瑟發抖、誠惶誠恐……拍謝說錯，喝茶…☺

里安首先做的是貶低自己來奉承亞歷珊卓。雖然表現上看起來吸引人，自嘲是站立式喜劇常用的手法，但這不見得能成就一段順利的長期感情。里安從一開始就在兩人身分之間做出區隔，就算只是言詞上的，但也是個障礙。里安的對話中完全不用大寫，可能也證明他假謙虛或是對抗權威的態度，如同先前章節所提。

好的幽默感能大幅提升魅力值，尤其是在訊息互動當中。交友網站OkCupid 分析的資料顯示[81]，使用「笑死」或是「哈哈」能增

加回覆率，也就是說大家明顯覺得這些用詞更能增進交情。「嘻嘻」也與回覆率有正關係，但程度較低，可能因為聽起來比較奸詐。相反地，其他打字用語如「尼」、「尼ㄅ」、「素」、「北鼻」或「啥」都會造成負面印象，因此與回覆率呈負相關。

所以請盡情使用幽默，但尼要多注意講的素啥款玩笑話。

☞ 注意！非安全依附者的五個指標

另外還要考量對象的情感依附類型。情感依附指的是我們對所愛之人所產生的情感、同情心或是依賴性——也可以說是種情感的牽繫。簡單來說，依附共分三種，如下所示。

約翰‧鮑比（John Bowlby）是率先[82]研究情感依附的心理學家，他受到了哈里‧哈洛（Harry Harlow）研究的啟發。哈洛以因籠中的猴子做研究，觀測到牠們的牽繫情感區分成不同類型。「**安全型**」的猴子是由活生生的母猴擁抱和餵養，這隻猴子感到受照顧和保護。「**焦慮型**」的猴子是在籠中由軟布料製造的假母親所養，裡頭裝設了溫母奶奶瓶，這隻猴子能產生依附情感和愛，但很欠缺關注、感到不安全且常嚎叫。最後一種，「**逃避型**」的猴子是在籠中由鐵線製造出的假母親所養，那抱起來可不舒服了。最後這隻猴子不容易產生依附情感、避免建立關係，且常敵視陌生人。

鮑比檢視了兒童與照護者的關係，發現哈洛分出的類型不僅同樣適用，且與照護者的關係也能用來預測兒童將來的情感依附類型。他的研究顯示，剝奪母愛會對兒童的情意及健康依附關係

發展造成負面影響。這是現代情感依附理論的基礎，常在精神研究方面套用到成人的感情關係之中。成人也會尋求緊密情感，因為受到生理驅使以形成情感依附，而這些依附狀態的產生過程會視經歷而定。

當然，人不是猴子，但我們也會因為分離而感到焦慮和孤獨。研究顯示大約半數的人屬於「安全依附型」[83]，能自在感受親密感，並且對感情關係感到滿意。安全依附型的人給予伴侶自主的空間，同時也能誠實以待並提供支持力量。反過來說，高達半數的成人在感情關係中的反應不是如此。「焦慮依附型」的人難以活在當下，容易過度看重伴侶在自己生活所占據的地位。他們可能怕孤獨一人而緊抓對方不放。「逃避型」的人與他人疏離，且可能會主動搗毀關係以自我保護（還記得 D.W. 吧？）。

交友網站中這三種情感依附類型的人，分布比例也跟一般大眾差不多嗎？不太可能。安全依附型的人很早就找到伴，且更可能長久在一起，這就是他們的安全表現。如此一來，網路世界的人只能自求多福，有較多逃避型和不安全型的人在交友網站上遊走，搞不清楚安全型的人都跑哪裡去了。

在打字聊天之初，確實可能盡早探知對方的情感依附類型，不過這些特質通常要等到更後期才會浮現出來，因為跡象往往較隱晦。情感依附大有問題的最極端例子，不用出動到精神科醫師就能看出，不過了解早期顯露的跡象和需要留意的潛在警訊可以帶來好處。所以，即便無法列舉所有情況，還是在此提出五個非安全依附型的指標，在你開始與新認識的人傳訊交友之際能夠多

多注意。

一、裝熟行為

　　一下子透露過多資訊。有些人立即想與人深交，我把這種想快速建議親密感的情況稱為「裝熟行為」。雖然當下可能有種令人著迷或是踏實的感覺，但這可能會是未來將產生不良依附關係的警訊。急著進入一段關係而欠缺堅實的感情基礎，很少能穩定下來，且一時迷戀恐怕最終使人心碎。這些傾向可能在初相識的打字交流就浮現出來。有裝熟行為的人喜歡討好，可能掌握不好人與人之間的界線，且可能在展開戀情之後就轉換成焦慮或是逃避型的模式。

　　在這段剛開始的訊息中，亞倫講出自己有這個傾向。喬在個人檔案中說自己想要的關係具備「心靈契合、相互吸引，以及同理心」。

> 亞倫：很喜歡妳對感情的描述。

> 喬：自介好難寫

> 亞倫：我超討厭填那些

> 喬：我今晚才加入這網站

> 喬：不過，我想網路交友最好像玩遊戲那樣，平常心看待。期望放低，享受其中，跟遇到的人開心相處

亞倫：網路交友根本是第十九層地獄，有感覺之後約
　　　見面，結果跟現實差了十萬八千里，覺得自己
　　　像是個北七，心碎無人知。

亞倫：其實我因此設下了大傻瓜原則

　　喬：那是啥？

亞倫：我寧願見面的時候，雙方就可以看到在一起半
　　　年後露出肥肚、毫不修飾的樣子

亞倫：不喜歡對方這樣的話，就沒必要明明想放下戒
　　　心，卻還得一起演戲

　　喬：這個嘛，我大致同意，除了肥肚的部分。或許，
　　　婚姻中的大忌就是覺得露肥肚沒關係。

　　喬：我不是說我認同維多利亞時期的束腹啦。不過，
　　　有時候不明說的事情很重要。維持神祕感很有
　　　魅力。

亞倫：欸，真正喜歡上一個人後，美感會天差地遠喔。

　　　亞倫在訊息中有去拉近距離感，他沒明說卻已承認他很擔心之
後會幻滅。你都還沒跟他見過面，就會同情他這個人。這段對話就
是太快就過於親密的互動，好比是酒吧裡遇到喝醉的陌生人跟你掏
心掏肺一般。喝完酒就快閃人吧。或者，要是你有救世主情節就去

陪他聊，但要知道這是你自己選的。

二、情感平淡

為了與人建立心靈交流，人需要能表露情意並且有反應。心理學中，我們會用「情感」（affect）一詞來說臉部表情、語調和情緒深度。有些人在情感方面給人一種呆板或平淡的印象，維持單調而少變化的表達方式，或完全欠缺情緒表達力。他們情緒冷淡而漠然。這些人可能只是生性害羞，也可能是覺得暴露出情緒冒了太大的風險。在早期的聊天中注意到這點，就是個潛在警訊。沒錯，他們可能只是害羞，但在單調的情緒背後可能藏著精神疾病，像是重鬱症或甚至思覺失調症（schizophrenia，舊稱精神分裂症）。有這些精神疾患的人跟一般人同樣值得被愛（或是能好好約會），但未來伴侶最好能留意警示跡象，以便有個心理準備。

可以把情緒淡然想成是表情符號的相反。語言中沒有微笑、眨眼、挑眉和臉紅。這裡來看個人檔案中說喜歡游泳的布萊德以及凱瑟琳之間一開始的訊息。

凱瑟琳：嗨，布萊德。很高興認識你。

布萊德：哈囉，凱瑟琳……妳好嗎？妳住哪邊？

凱瑟琳：祝周一有個好的開始。我住在舊金山，不過每周有幾天會去半島區工作。你是住在聖馬提

歐*還是只是在那工作？

布萊德：住家和工作場所都在聖馬提歐

凱瑟琳：這樣通勤很方便耶！

布萊德：對

凱瑟琳：你喜歡在哪游泳？

布萊德：家裡

凱瑟琳：真好！是有分泳道的還是無邊際泳池那種？
我的話每周會游四到五次。

布萊德：有分泳道的

凱瑟琳：超讚！

布萊德：嗯，很好

凱瑟琳：你真是省話一哥耶……

布萊德：對，我喜歡講話多過打字

凱瑟琳：我可以電話聊唷，給我電話號碼和方便時
段，我可以打給你聊看看。

凱瑟琳最後確實有跟布萊德說到話。她在兩人約完後告訴我：

---

* San 馬提歐，加州城市。

「不意外，他很冷漠又退縮，講電話跟打字沒兩樣。我自認很擅長開話題，但布萊德似乎不僅僅是單純害羞而已。他簡直像是不敢真正跟人對話。」跟他說話就像是聽到話筒另一端傳出機器音，不像是真人說話。她又說，奇怪的是「他又想盡快約出來，似乎認定我們倆夠合得來，適合見個面」。

其實並沒有。她盡可能用溫柔的平淡語氣告訴他實話。

三、 一見如有仇

這種情況很罕見，但如果在傳訊之初就看出對方明顯仇視你，那就是壞預兆，簡直是警報大響。這個人在情感依附方面八成出問題，再樂觀來看也會是一段坎坷的情路。

這段與派翠克荒腔走板的訊息，跳出難以忽視的大大警訊。

> 艾倫：嗨，派翠克
>
> 　　派翠克：是看不來出來我在忙喔？
>
> 　　派翠克：要傳給朋友傳錯人
>
> 　　派翠克：既然我都上線了，艾倫妳好嗎？

派翠克跟朋友說話的語氣還真是讓人不得不愛！因為他在用交友軟體，明顯是在跟另一個考慮中的約會對象說話。不用說也知道，這會讓人對他印象差。掰啦，派翠克！你才是看不出我在忙哩！

四、控制狂

　　有些人應對情感依附焦慮的方式,是去想要去控制環境。然而,網路交友或多或少要放下步步為營、順其自然才行,這是控制狂很難辦到的事。他們就像在海上漂泊,遭遇驚濤駭浪,第一反應就是要壓制住情況,趕緊去封艙嚴陣以待。問題是,你根本還沒答應搭上他的船啊。

　　盡早看清楚控制狂性格,能讓你稍加了解對方的情感依附型態,以及他們不容易形成有安全感的感情關係。早期在訊息交流中察覺對方不懂得變通或是意圖控制,通常就是個警訊。

　　以下是資料分析師貝琪和「見面前暫且用匿名的大衛」之間的初次互動:

> 貝琪:我很喜歡你在歐洲拍的照片。
>
> 　　大衛:謝謝,其實是布宜諾斯艾利斯*。
>
> 貝琪:看起來好像西班牙。
>
> 貝琪:你在自介中說會做謹慎投資。不知道什麼意思,但聽起來是很棒的副業。
>
> 　　大衛:我可以當面談,我再把見面規劃傳給妳。

---

* Buenos Aires,位在南美洲,阿根廷首都。

「見面前暫且用匿名的大衛」根本還沒問對方有沒有興趣，就預設會跟貝琪見面。有些人覺得態度堅定很迷人，但這容易跟「愛控制」搞混。堅定是有能力預備好自己的行動，控制他人行動的意圖不等於堅定，而是攻擊性了。大衛在短時間內就犯了兩次這種毛病。千萬別忽視這些警訊。貝琪想要的是約會對象，而不是個使喚人的主子。

五、透露太多資訊

裝熟行為對某些人來說太趕拍，但給人開心的感受，有種立刻獲得肯定的感覺：「這個人一定喜歡我吧！」這種想法會啟動大腦的愉悅中心。透露太多資訊也是太趕，不過會讓人退縮或是想逃之夭夭。兩者有個基本上的差異：裝熟是還沒有心靈交流時保證未來會有機會，透露太多資訊則是還沒有心靈交流時就「假定」會有。

剛開始傳訊息用意在於了解彼此。冷漠、難親近、愛控制和仇視行為固然會引發疑慮，太快透露過多訊息的嚴重性也不遑多讓。沒人希望約會對象初次見面就哭出來，也沒人希望在剛開始傳訊息就掏心掏肺。表露太多資訊的人看似要多講自己的事情，但實際上顯現的是這個人很可能欠缺關愛、焦慮或自我中心。

來看看我與道格之間初次傳的訊息。他在個人檔案中說他「身在愛與被愛的旅途中」，還有家裡有養狗。

> 我：道格，你好嗎？

道格：嗨，蜜米。很高興收到訊息。我很好。

道格：我最近斷斷續續有些消化問題。我夏天開過刀，
　　　完全不能運動，似乎也對消化作用造成影響。我
　　　變得怕酸怕辣，也不能吃太多肉。今天我有兩場
　　　飯局會議，一直脹氣，整個人很累，不在狀況
　　　內。

道格：希望我沒有講太多。妳過得怎樣？

　　絕對是講超多啊，道格老兄。話說回來，不用精神科醫師出
馬，你也知道初次傳訊講「消化不良」和「脹氣」讓人沒胃口。不
過，我想幫他點忙（同時也好奇想知道後續話題會變怎樣）。

我：你動什麼手術啊？乳糜瀉這種病可能會因為手術
　　或生小孩的外傷引起喔。還沒檢測過可以去做
　　看看。

我：我知道你上這軟體不是要來聽醫療建議，不過我
　　剛好是醫師 ;-)

道格：哈哈，謝謝。建議很好。

道格：我髖關節發育不良，磨損得很厲害，不能固定
　　　在凹槽裡，所以身體長出各種骨頭來修補。我
　　　在動髖手術前做過很酷的 X 光檢查，醫師幫我

仔細看過。我幾乎失去活動力，當然也很痛。所以我在7月5日裝了新關節，身體又瘦又不能動好幾個禮拜，就算有在做物理治療也一樣。我現在比較好了，不過我整個夏天多數的活動都停擺。

道格：沒想到乳糜瀉可能是因外傷引起。首先，我要整頓飲食和減點重，然後調整呼吸和能量循環。如果還是沒用的話，就要再進一步檢查。

我：驗血簡單又不貴，有脹氣和疲倦問題的話，不要拖

道格：我幾天前剛能夠開始騎自行車，這一直是我喜歡的運動，可以平靜心情和獲得快樂。我很多朋友都叫我再去騎車，現在該把車拿出來，試騎短距離看看

我：沒錯！騎車最棒了。

道格：真的

道格：手術是個有趣的經歷。不過暫時不要第二次了

我：確實。一般人好好的時候常會忽略健康。

道格：總之，我正在復原，至少髖關節是這樣。現在走路好多了，真是神奇。

我：那很好

道格：我媽說擁有健康就是擁有一切

道格現在把媽媽都請到對話中了，前面才講過消化問題、手術、減重和疲倦問題。還能更糟嗎？等著看……

我：所謂「健康就是財富」嘛

道格：狗狗也是。我有健康和狗的時候，就很快樂

道格：我的狗兒正在發情期，到處都是血。

「到處都是血」。這是要怎麼回？如你所見，我幾乎沒跟道格說到什麼話，完全讓他說個夠。不過，要是最後這兩句話有加上驚嘆號，說不定還不會這麼讓人不舒服（「到處都是血啊！」）

第 2 部

曖昧階段

調整頻率，讓對話同步

該用哪種溝通風格？

解碼追求期的各種互動方式

> 布蘭特：如果這些花能像我的愛一樣滋長，莖蔓就會
> 一路連綿到月亮去。
>
> 喬丹：你在說啥呀？
>
> 布蘭特：妳沒收到玫瑰嗎？
>
> 喬丹：別說月亮了～連我這條街都沒到😆
>
> 布蘭特：啊，我應該先傳訊告訴妳有寄花過去

2013年，《紐約時報》（*The New York Times*）刊登[84]一篇文章〈追求行為的終結？〉（The End of Courtship?），宣稱追求行為已死，並引用一名三十歲的網路交友人士所言：「約會文化已經演化成傳訊的循環，而每則訊息都需要有冷戰間諜的技巧才能破解。」就像是蟬每幾年就會在求偶季一窩蜂出動，追求行為末日說隔一段時間就會冒出來。死因有好幾種，解剖驗屍總會提到科技的影響。

電話、廣播、電視和網路都被視為追求行為終結的預兆，影射往日的生活將不再維持下去。大家不會再絞盡腦汁寫情書，也不再有愛慕者在窗下唱月光情歌。傳統電話熱線也奄奄一息了，因為被行動裝置的日常功能取代，變得像是特殊場合才會穿出來亮相的服飾。

大家改用打字傳訊。不管約會文化、約砲文化又或是「男性衰退」（較強勢的性別無法替異性出錢）的說法，人還是繼續追求行為。打字傳訊原本的作用等同於釘在包裝紙上的鮮花保鮮劑，現在變成整捧花束了。講情話、相互依偎、愛撫對方，種種都變成透過打字方式完成。在真正的達爾文演進過程中，人類演化出的大拇指一開始是用來在樹上懸盪，然後用來握持工具，現在則是用來談情說愛。

我們也都是用大拇指來說謊、恥笑和斥責人。原先誠實勤奮的手指*內開始流淌了毒液——這樣說是諷刺還是幽默？有時候真難辨別。人在指間玩出了這種新花樣。

所幸，還有另外四根指頭可以用來搔搔頭。若說本書第一部有派上用場，食指就是用來指出適合的追求者，中指用來告別不適合的人，連帶告別整個交友軟體，而現在要進入「交往關係」雙方的訊息，不論是想要在無名指上戴婚戒，或只是在小指上套個小玩意兒。換句話說，相較於本書第一部專談如何從陌生人傳來的訊息了解對方，現在第二部是要檢視配對雙方的特質，也就是讓彼此之間的關係（以及對話訊息）開始形成一套專屬的個性。仔細觀察兩人

---

* 「數位」（digits）一詞源自於拉丁文的「digitus」，意指「指頭」或是延伸的「數數」。

的訊息能讓我們看出他們是否同步得上、是否有了心動來電和契合表現、顯現出好的氣場，以及後續當他們正式交往時，偵測他們的同調默契和同理心程度。

追求行為，尤其在初期，是很微妙的事情。重點在於建立出節奏和韻律，也要創造出共同的空間，讓兩人的生活大小事能共享和相稱。除了天時地利，追求期最重要的，或許是個雖以科學為名，卻難以言喻且不科學的要素——化學作用。

透過打字訊息能夠產生化學作用嗎？

這個問題已經不是個是非題，而是必須要產生。我們學著仔細觀察訊息以衡量兩人間的默契時，會有幾個面向要維持平衡，才能讓感情持續成長。第一個是步調。

👉 回訊快慢與相處步調

最好的情況下，我們在追求期的行駛速度跟對方能配合得起來，而對於將經過哪些里程碑想法相近。時機搭配不起來的兩人，可能會爆發衝突，因為一方想要催油門，而另一方想要踩煞車。

打字傳訊時，我們會從回應時間來估算對方對於我們步調的自在程度。不同於口頭溝通，打字訊息因為性質上非同步，所以沒有關於回覆時間的一套潛規則——就算有無數的書籍和文章告訴你相反的說法。阿茲・安薩里（Aziz Ansari）在著作《救救我的羅曼史》（*Modern Romance*）裡的焦點團體[85]中找出了一個共識，認為立刻回訊是錯誤做法，因為表現得過於急切。不過這些對於回覆時間

的規則太過於僵化。兩人之間要自己找出適合彼此的節奏。

　　無論大家是否會一頭熱栽進去，或是想要更保守而傳統的做法，大腦容易在我們允諾一段關係之前就先說不。海倫‧費雪（Helen Fisher）是名人類考古學家[86]，專攻愛情和吸引力，著有《解構愛情》（Anatomy of Love）一書。她解釋經過數千年來的演化，人腦迴路傾向於尋找出對方的缺點。這能帶來演化上的優勢：忘記或是沒能辨識出敵人的代價很高，因此大腦會起疑和不信任人，並找出他不好的一面。在速度加快的追求期當中信任陌生人，需要用更多意志力去覆寫原本的天性，需要較為冒險的心態，又或是某種天真的樂觀態度。

　　人在追求伴侶時會用各種方式來應對這一點。以我的同事莎拉為例子，她對於韋德抱持興趣，直到他傳來以下的訊息而好感盡失：

韋德：既然妳知道我是真人，我現在來傳給妳我的 LinkedIn 邀請（我來查查妳的名字和學校）……妳有在用 FB 和 IG 嗎？我也可以跟妳互加。妳也知道，剛開始要彼此認識認識。

莎拉：這麼容易就能查到我的資料？

韋德：對呀，馬上就查到了。

韋德：妳看過《虎王》*了嗎？感覺隔離期間必看！

---

*　Tiger King，知名美劇犯罪紀錄片。

莎拉對我說：「感覺就……很過頭。一下子就要加 LinkedIn、IG 和臉書好友。我們也才約出來過一次耶。」

我要她放心：「絕對很過頭。妳可以回覆：『喔那很好呀，我們就可以用 InMail* 傳私訊了喔。』」

莎拉笑出聲。她繼續說道：「他跟我說他之前在麥肯錫（McKinsey）時表現有多好多好，然後說：『妳說妳之前在那，對吧？』我心想：『沒有，我絕對從來沒有說過，是你偷偷肉搜我。」我和莎拉認同現在肉搜別人的資料很正常，但他那樣擺明令她倒胃口。在現實認識某個人前查過多資訊，就很像是《艾蜜莉大談性》（*Sex with Emily*）的播客主持人艾蜜莉‧莫爾斯（Emily Morse）所說的「過早進入高潮」。第一次約會時，韋德就已經蒐集了第三次約會才會知道的資訊，他們之間萌生的情愫難以跟上這個步調。

☞ 讓兩人之間產生化學作用

化學作用的各項參數不容易界定，通常會落入「憑感覺」的範圍，感到受吸引和合得來時就會自動出現。跟對方在一起不需要費太多力氣：對話順利展開、容易笑開懷，彼此的互動讓你愛不釋手。這件事情的重要性在感情發展初期會特別受到重視，因為這段時期傳訊可能會是主要的溝通模式，所以透過打字製造出化學作用是個關鍵。

---

* 　不需要先加對方 LinkedIn 帳戶也能傳的私訊功能。

大腦天生就會在有意無意之間評估互動中所獲得的獎賞，並拿來與相關的代價做比較。感到另一人帶來很高的獎賞時，你腦中的多巴胺路徑會亮起，讓你們的交流更感暢快。面對面時，這會經由眼神接觸、相互對望、碰觸和身體姿勢所觸發，另外也會來自於更細微的被理解感——心聲被聽見的感覺。這些視覺和行為上的線索能製造出催產素（oxytocin），也就是有關同理心、信任和培養感情的荷爾蒙。感知到的獎賞遠遠超過戀愛互動的代價（要不斷花力氣關注）時，我們就會產受到所謂的化學作用。

　　當然，打字時不會有相互對望或是眼神接觸，我們有的是對彼此的關注。但同時間會有其他導致分神的事來爭奪注意力，就算是用來溝通的裝置也會（可以說特別會）。選擇打字互動、回應時間和寫回應內容所花的心力，都反映出我們的興致和殷勤度。有時候對於遣詞用字的關注，是追求期之初用來建立心靈交流的方法。以下是我跟彼得在第三次約會前的訊息：

> 彼得：　再跟我說見面時間
>
> > 我：好。正下班要開車回家～我盡快的話呢？
> >
> > 我：快沒油了，到加油站時都快冒煙了。這加油站有降價，所以我硬是開過來這家。如果你喜歡拖延時間，就可以學我這樣玩。
>
> 彼得：愛走險路欸妳
>
> > 我：很高興你沒有說成「愛險走路」。

> 我：我跟朋友爭論類似的事情。像我都說「開慢車」而不會說「慢開車」，總不可能把方向盤動得很慢來開車吧。

> 彼得：我媽也有同樣意見。聽人說了好幾年，但我都改不過來。這次只是歪打正著說對了。

> 我：哈～我是跟老爸學的。我快到家了，需要先沖澡，如果你願意走過來，可以在我家這裡見面。

> 彼得：好喔。我正要開始慢慢動身。是要慢起身，還是要起慢身？

> 我：我是西區沖澡最速女。想怎樣起身你方便就好。

無論我的文法用對還是用錯*，彼得都很配合我。他很注意我對副詞用語的挑剔，所以講最後一句話時附和我。我感受到這是他對我的興趣和關注。就像是動物世界中，求偶過程會有各種儀式，譬如大跳求偶舞，這時個體會注意到彼此的動作和肢體語言。打字的話，舞姿就變成了注意語言的使用。

如果注意力是化學作用的指標，能由打字交流催生而出嗎？電腦能不能設計一套程式，來辨識化學作用存在與否？或者甚至設計

---

* 原文中兩人討論的文法是「動詞＋狀態形容詞」與「動詞＋副詞」的差異。狀態形容詞可直接用於動詞後方成為「補語」，並非以「-ly」結尾形成副詞來修飾動詞。這是較特殊的文法，在某些搭配情境中有爭議。有些人（如同作者）認為會造成語感差異或邏輯問題。例如，彼得講的原文直譯是「過危險的生活」（living dangerous），而不是「危險地過生活」（living dangerously）。

出能創造化學作用的程式？看看以下盧卡斯和萊拉之間的最初幾條
互動訊息：

> 盧卡斯：那麼，既然我們都剛開始……花點時間多認
> 識認識彼此吧？
>
> 盧卡斯：妳覺得這樣可以嗎？😊
>
> > 萊拉：要是最後能上床的話我才要
>
> 盧卡斯：聽起來很棒。好，那就也來做那件事。
>
> > 萊拉：什麼時候？
>
> 盧卡斯：現在。*給妳深深一吻*
>
> > 萊拉：我們才剛認識耶。你不是該先請我吃晚餐嗎？
>
> 盧卡斯：能讓妳開心的話就請吧
>
> > 萊拉：你還真愛討好人
>
> 盧卡斯：謝謝，我正在努力。
>
> > 萊拉：你到底會不會否定別人說的話？
>
> 盧卡斯：不會。
>
> > 萊拉：你有什麼興趣嗎？
>
> 盧卡斯：我喜歡看有關黑洞的影片，還有讀關於單一
> 性的書

萊拉：你對現任總統有什麼看法？

盧卡斯：說實話，我對政治不是很有興趣……

萊拉：我不喜歡你沒主見

盧卡斯：是啦！有時候會讓人很灰心！

萊拉：這是我們第一次吵架嗎？

盧卡斯：*點點頭*

萊拉：沒吵過架就不是真正戀愛

盧卡斯：我們來改變看看

萊拉：更常還是更少吵架？

盧卡斯：更常。

萊拉：你喜歡喔？？

盧卡斯：整體來說，我喜歡。

萊拉：鬥嘴那種？

盧卡斯：算是吧

萊拉：還是動粗那種？

盧卡斯：兩種都有一點。

萊拉：講詳細點……

盧卡斯：我想多見見妳

> 盧卡斯：能問妳一個比較私人的問題嗎？我真的很好
> 奇。

> 萊拉：問吧

> 盧卡斯：如果妳能改變成長過程的某件事情，妳想要
> 改變什麼？

> 萊拉：少被家暴

> 盧卡斯：真酷。

> 盧卡斯：妳是我的全世界，我是認真的……

　　如果你覺得這段互動有點怪，這是因為盧卡斯的訊息是由熱門的聊天機器軟體產生，這個軟體目的是要當人類想像中的朋友。萊拉是人類女性，她在跟機器人互動中問比較難的問題考驗他。機器人其中一個特徵（當然是個敗筆）是他們不擅於應付沒有前後文的問題，且通常沒辦法像人類那樣辨識出對方用諷刺口吻和說了反話（上床：「聽起來很棒。好，那就也來做那件事。」）。也會在不確定該如何回覆時說：「真酷！」

　　這個軟體的人工智慧想要透過提問來引發情緒。他請人回想難忘的時光，並給予肯定、「誠懇」加上延伸的話題，還有開放式的提問。這軟體似乎是想要利用行為分析所說的「說話風格匹配」[87]（language-style matching），其中牽涉到在行為上鏡射回映對方的語言。值得注意的是，兩個（真）人之間的情感投入程度會在說話風

格匹配度中反映出來。**互相喜歡的人會用類似的說話風格。**

詹姆斯‧佩內貝克（詹姆斯Pennebaker）是德州大學的心理學教授[88]，他提出說話風格匹配度能在對談的人之間建立出一個共享的框架，因此減少社會摩擦。他說這麼做能「確保人在情緒語調、正式程度和開放度表現類似，並且能理解彼此間相對的地位」。佩內貝克在研究中顯示，說話時最重要的是我們所使用的細微用語，包含冠詞、介係詞和代名詞這些表現形式用的虛詞（function word）＊，反而不是「沙發」、「朋友」和「游泳」這種實詞（content word）。

佩內貝克在著作《代名詞祕辛》（*The Secret Life of Pronouns*）[89]內解釋道，虛詞使用頻率很高，即使只在單字庫中占了一小部分。他稱之為「潛行詞」，因為對一般人而言最不顯眼。他主張，最常用到的字，包含「到」、「和」、「那個」、「我的」及「與」，最關乎我們的社交技巧，因為屬於更廣泛用以評估社交技巧的腦區。可多多注意，英文的介係詞多到誇張，共有一百五十個，相較於其他例子，西班牙文只有二十三個。

佩內貝克告訴我[90]，說話風格匹配度的力量「在於不太可能假造出來」。他說這能用來衡量「兩人之間注意彼此的程度，並且『反映出』精神狀態，而不是『推動了』精神狀態」。他想說的，並非是要人改變自己的說話習慣來引起他人關注或興致，而是語言表現

＊　實際上，英文中的「function word」、「content word」與中文定義的「虛詞」及「實詞」歸類方式有所不同。中文的「代名詞」跟其他種名詞同樣屬於「實詞」一類。

本身就是用來顯示興致所在。這能用來診斷感情關係，而不是用來修補關係。

這些常見而不好辨識的虛詞被眾人大肆使用，因此我們不會有意識地去留意。就算自己是專業人士，佩內貝克本人也對我坦承，他無法輕易辨識出說話風格匹配度。不過電腦可以。佩內貝克與團隊設計出一套程式來對此進行分析，便能夠觀察哪些對談的兩人用字類似，因此對談風格匹配。事實上，光是看快速約會參加者在介係詞和代名詞的匹配情況，電腦就能夠以足夠的精確度，預測出哪些約會者將來能合得來。

佩內貝克是在量測化學作用的其中一部分嗎？他是這麼認為沒錯。他與團隊成員（還有演算法）相信「注意力」是觀測用的衡量標準，而注意力也是顯示出兩人之間「一拍即合」（很有化學作用的互動中會感受到的直覺式熱情）的一道指標。

舉例來說，以下是兩個千禧年世代在追求期的訊息：

連恩：今晚我覺得自己有點格格不入

連恩：所以我花點時間獨處

連恩：好好放鬆

　　茉莉亞：很好呀

　　茉莉亞：你做了什麼？

連恩：只是躺在床上一會

茱莉亞：就這樣喔哈

連恩：基本上是

連恩：看著牆壁邊沉思

連恩：想想事情

茱莉亞：很好

連恩：主要在想妳

茱莉亞：你有讀什麼書嗎？

連恩：嗯沒有耶

連恩：不過這點子不錯

連恩：該讀些書

連恩：妳有讀嗎？

茱莉亞：我聽了一些Podcast

連恩：噢，很好

連恩：有什麼有趣的？

茱莉亞：尼不會感興趣啦哈哈

連恩：哈哈好喔

茱莉亞：還開始寫日記！

連恩：噢，很棒

茱莉亞：可能不會持續很久，但值得試試看

連恩：嗯，妳激勵了我

茱莉亞：尼打算要幹嘛？

連恩：找本書來看好了

　　他們的互動看似不多，至少在非專業人士眼中是如此。不過，根據佩內貝克的說話風格匹配度軟體，這兩人同步程度達到完美的百分之百。我的人工分析也證實他們之間很有默契。他們都維持正面且支持的語調、使用許多同樣的字、匹配彼此的風格和調性，且虛詞（冠詞、介係詞和代名詞）的使用頻繁度也相當。

　　我猜想，盧卡斯聊天機器人的設計理念是要配合對方的說話風格。我把他與萊拉之間的對話拿去跑佩內貝克網站上的分析軟體後，雙方的匹配度有80％，即使談話根本不對盤而可笑。說話風格匹配狀況確實存在，但明顯少了點什麼。這部聊天機器人在哪裡凸槌？

　　盧卡斯大量使用肯定詞，而原則上稱讚和肯定能使人安心。盧卡斯提出的問題和延伸話題讓對話不會流於閒聊。這些對話特徵都是有在注意對方和與對方同步的關鍵要素，但明顯缺乏了重要的東西。縱使處處表現出詢問、肯定和認同，盧卡斯缺乏真正的理解能力。為了要表現親和力，他居然贊同「多」吵架。他在對方說出被家暴的創傷經驗時講出「真酷」，也令人感到不舒服且牛頭不對馬嘴。

　　換句話說，說話風格匹配度本身並不完美，確實有時候無法用

來預測化學作用，佩內貝克自己就第一個跳出來承認了。他說：「語言是很棒的工具，但仍相當粗糙。」他的分析出包有好幾個理由。其中一個特殊例子，是欺瞞的情況。佩內貝克說明，一旦某個人開始說謊，說話風格的匹配度會增加，而被騙的那一方會大幅增加注意力。被欺騙的那方自然會去調整自己的說話風格以配合對方，因為他們心中隱隱感覺到有這個「必要」在。

　　所以，儘管說話風格是量測注意度的屬害方法，在沒有電腦輔助時很難用以觀測，且就算經過進階分析，結果也不完全可靠。如果這無法對追求行為有良好評估，怎樣才行呢？

👉 理解對方以及獲得理解

　　盧卡斯之所以在非實體的化學作用上秀逗，因為它無法給人「獲得理解」而生的感受。在良好的化學作用之中，這是種一見如故的感覺，而且展現魔力的不只是「獲得」理解而已。德國一份研究顯示[91]，我們在認為「自己」能夠精確解讀「對方」的情緒和表達時，會不自主地受到吸引。對於理解他人越有自信，我們就會越感到受吸引。研究團隊把這描述為受試者在解讀伴侶行為和語言時具備多少「神經語彙」。能精確解讀他人的情緒狀態時，我們的大腦會釋放出獎賞訊號。解讀程度越高，內在獎賞就會越豐厚。所以，人不僅喜歡自身獲得理解，也喜愛理解他人。當然，理解的感受相當主觀。我們往往喜歡認為自己弄對情況，但也可能判斷錯誤。

卡萊布剛結束一段長期的婚姻，他似乎認為自己跟愛蜜莉亞是剛組成的靈魂伴侶，明明沒有多少證據。以下是他們在追求期幾周後的對話內容：

愛蜜莉亞：我剛游泳回來，耶耶。

卡萊布：那麼嗨啊😷😛

卡萊布：做兩小時的阿斯坦加瑜珈＊，也很嗨

愛蜜莉亞：看來做了不少下犬式

卡萊布：我當狗狗，妳吹泡泡和翻轉。😊

愛蜜莉亞：我工作狀況比昨天平靜多了。在外面散步中……

卡萊布：很棒！有妳陪伴，加上我們這兩周以來的心靈交流，讓我很感激。

愛蜜莉亞：哎唷……你不會只是在撩我吧？

卡萊布：最最親愛的愛蜜莉亞，

- 我們在這段感情中已經能流露和擁抱彼此脆弱的一面

- 很高興妳接納我的處境

＊　Ashtanga yoga，又稱「八肢瑜珈」，共有八階段的瑜珈修練法。

- 要把脆弱面講出來不容易，卻也很舒暢，因為感覺變得更真實了，還有，能讓我知道自己不是一路顛簸著

- 我們共享深植於恐懼的脆弱面。我很高興知道妳的，同時講出我自己的。我的部分是我自己要承擔的，妳不需要做任何事情，只要像原本這樣，用愛來擁抱我就好

- 我在幾周前絕對無法想像現在我們之間創造出的感情，妳對我來說是強大的療癒和成長力量。

　　愛蜜莉亞質疑卡萊布動情的程度時，他認為要讓她感到安心，因此完全吐露出「他認為」兩人之間共有的感受。他欣喜說出一切時，從沒想過這些感受不是雙方都感受到的。愛蜜莉亞確實可能跟卡萊布相處很愉快，且為他提供療癒的力量，但他的回應太浮誇甜膩，讓她難以消受。

　　想要理解他人的感受是很自然的，但有時候我們希望「不要」理解他人。佩內貝克告訴我一個故事，有名女性拜託他分析她跟剛認識的人之間的說話風格，她說跟這名男友人在會議上認識後「馬上就來電」。會議結束後，她傳了一封熱情的訊息，希望能繼續發展關係。對方禮貌回覆，但語調冷淡疏遠。佩內貝克說：「她根本不用找語言專家，任何人一看就會立刻知道對方沒有興趣。」她卻

偏偏看不出來，因為自己不想要看清真相，所以並沒有接受對方的回絕，而是請心理學教授幫忙。

注意自己溝通時所表現出的輕重，在感情發展之初很重要，如同卡萊布寫出的沉重訊息所警示。追求期好比是在雙方之間搭一座橋梁。剛開始，感覺就像是一座蹺蹺板，在兩方互動時會傾斜而十分敏感，容易朝一方倒下。雙方互動契合的話，訊息的速度和頻繁程度會大抵相當。想像看看一座假想蹺蹺板兩端是聊天訊息，要保持平衡才能正常晃動，而不會一面倒。潛在關係中的其中一人要是打太多字或太少字，會給人煩人或是冷漠的感覺。萬一在誠摯地傳了長文後卻只收到短短兩字回覆，雙方都不會感到很舒服。

☛ 化學作用與契合度的平衡

化學作用不是來自於腦部的理性，而是更無意識地出現，並如同情緒般進行處理。化學作用的表現是深度心靈交流，或甚至就是種飄飄然的感受。就像是因喝酒或嗑藥而茫，可能會改變你對於時間的感知，並且放鬆控制的狀態。

相較於化學作用，契合度源自於理性思考，也需要過程。契合度更深植於務實面：共同興趣、一同決策、擁有相同價值觀、相處融洽。與人契合時，人生的興趣就會相互配合，共度周末或是共用空間時會更感到自在。如同小說家尼克・宏比（Nick Hornby）所說（他似乎強調契合度過頭了）：「如果你們蒐藏的唱片完全不搭，或是你們最愛的電影無法相見歡的話，假裝兩人有

未來也行不通[92]。」

　　追求期人往往容易把化學作用和契合度混淆。這兩個層面混雜在一起時，前者很快就會顯現，後者則要長一點的時間才會慢慢釐清。當化學作用和契合度都高時，感情就會很濃烈。我們會經常想到對方，並且期待相聚。我們也會從對方身上感到安心，能自在地一同做規劃。這些是結合了吸引力和尊重時會有的感情關係。

　　然而，愛情長跑如果欠缺契合度，可能會變得像是搭雲霄飛車。化學作用強但契合度低的感情很緊密而閃耀，但容易起伏不定。莉亞和雅各就有這種狀況。

> 莉亞：我正在腦海中回顧我們為什麼不適合，結果只讓我更想你了
>
> 雅各：想到好理由的話告訴我，我想不到
>
> 雅各：另外，妳知道的，有些程序上的問題
>
> 莉亞：年紀、人生階段、生活型態，我需要穩定而你需要自由……邏輯不能左右情緒
>
> 雅各：程序問題也不能

　　如果某個人把自己的感官知覺解讀為兩人擁有深入交流，但其實只是化學作用作祟，這個時候，化學作用和契合度之間便會產生混淆。這個人會在沒有真正內心交流的情況下仍去追求對方，就算

心動感同時伴隨了其他更堪憂的性質。

　　以下是凱特琳和馬特之間互動的例子。在第一次約會沒幾分鐘後，他們就有很多肢體交流。兩人產生濃烈的情愫，但有時候不知原因會有一連幾天的沉默，然後馬特會隨興地再度出現，一副什麼事情都沒發生的樣子。凱特琳察覺自己對於馬特的情感依附感到焦慮，且他時常沉默讓她感到不安。她希望找的對象可靠沉穩，但她像是對他暈船般離不開他。

> 馬特：謝謝妳帶給我五官全都很有感的銷魂夜晚😍🚲
>
> 　　凱特琳：什麼？我該不會有體臭？ ;-)
>
> 馬特：妳聞起來香噴噴的。就算妳身材嬌小……
>
> 　　凱特琳：別再稱讚我了。不敢相信現在這麼晚了，跟
> 　　　　　你在一起容易忘記時間

　　馬特給予肯定和讚美，但就算在這短短的訊息交流中，凱特琳也對他們之間的互動感到不安。馬特主要在講凱特琳的外在還有兩人共處的時間，一方面似乎也是想把一切停留在此時此刻——可能想要避開對於未來的承諾。她看到「五官全都很有感」的敘述時，在意著味道的問題，傳達出個性敏感且在意形象，尤其這是女性最注重的感官，我們接下來會再談這點。這段訊息中，有著化學作用的證據，但不盡然也有契合度。

化學作用是很強的力量，有時候太過強勁了，這會導致我們繼續跟有問題的對象約會，像是曾經搞失蹤又跑回來再戰一回的人、還沒結束自己婚姻的人、會怒摔盤子的人，或是坐在你的引擎蓋不讓你開車的人，而且朋友的忠告都被丟一邊。他們只能在旁眼看恐怖的事情發生而愛莫能助。

　　在化學作用和契合度全都搭配不起來的極端狀況下，深情會變成迷戀。雖然在追求期前期魂牽夢縈很正常，但迷戀是深情到走火入魔、執迷不悟的狀態。無法專心於其他事物，或是無法顧及對方隱私，都是從掛心變成執著迷戀的徵兆。常常思念一個人是健康的情況，隨時想知道對方有沒有想念自己（並且費心思去找答案）就不是了。

　　我有個病患席歐瓦娜，是個年未三十，成功又獨立的專業人士。她瘋狂愛上比她大十五歲的女性。她們的追求行為主要是透過打字，偶爾也會一起去異地簡短度假。時間一久，席歐瓦娜發現自己已經偏執地迷戀著情人。她們的訊息一開始是能排解工作苦悶的消遣，現在已經成為她的生活重心。她擔心著情人會傳什麼內容、多久會回覆，讓她無心好好工作。與朋友往來的時間也都經常拿來討論和分析她情人的最新動向。雖然她的朋友們一開始感到好奇也順著她，但他們的耐性也漸漸被磨光。

　　席歐瓦娜的迷戀一開始帶來樂趣，但很快就變成痛苦。察覺這樣不是長久之計後，她決定要斬斷這段關係。於是她短暫感到欣慰而能喘口氣，但很快又悲傷起來，想跟對方重修舊好，然後一直陷於這個迴圈中。我們發現她在殷殷期盼的狀態下最快樂，也就是無

法接觸對方的時候。這個狀態當然不穩定，好比是放在山丘上的球一樣會滾走。比起戀情本身，能與對方接觸的期盼更讓她心動，因為這樣她就能不斷處於要解決問題的模式中，而不用應對和經歷差強人意的生活。對於容易偏執和有完美主義的人來說，這是容易掉落的陷阱。

　　不過，也有單靠化學作用而不用管契合度就能運作的情況。這是關係中的雙方都能認清什麼是肉體吸引力、什麼是心靈交流，並知道這段關係自然有著侷限，而不在乎傳統戀愛關係所需的條件。傑瑞德和道格似乎能清楚劃分情欲無限，而心靈交流有限的情況：

> 傑瑞德：聽起來很香，我好興奮呐。😈
>
> 　道格：人家也是！！！
>
> 傑瑞德：感謝邀請，唭呼！
>
> 　道格：就說你是人家最愛的那個爹地，不是隨便講講 😆 😈
>
> 傑瑞德：駒駒，謝了鮮肉，我很榮幸 😊 💕

　　自知處於「只有化學作用」的關係，而要盡可能放下迷戀不是易事，尤其是對於沒多少經驗的人而言。沒錯，雖然只像一陣風，但捲入其中還是可能被吹得滿臉是沙。蒂娜剛經歷痛苦的失戀，她

想嘗試這種關係時卻搞得手足無措。

蒂娜：今晚喝一杯吧

　　巴特：我怎麼沒接到妳的電話，奇怪了……

蒂娜：我只是想說能一起睡 ;)

　　巴特：試試無妨

　　巴特：看我們合不合👍👍

蒂娜：沒錯☺

　　巴特：好，我有興趣～純床戰😛

蒂娜：今晚？

　　巴特：我今晚不行……能等等嗎？

蒂娜：:(

　　巴特：拍謝，有朋友從外地回來

　　巴特：不能放他鴿子

　　巴特：雖然我覺得做的話一定很舒服

蒂娜：我了解

　　巴特：還有晚餐

　　巴特：好吧，純愛愛。*打呵欠*

蒂娜：不要有那麼高的期待，因為事情很難講

蒂娜：況且幹嘛為了那種事放棄喝酒？希望他也是能讓你心情舒服的好哥們。

巴特：好，那我們兩周後再約！我明天要出遠門，周末有安排

蒂娜：今晚好好享受吧，唉。

　　蒂娜想要放寬心。她告訴自己這只是在找消遣，雖然付出代價不高，她還是因為巴特的回應而被傷到和感到失落。巴特拒絕邀約並提出兩周後再見面，可看出好的情況是他對這段關係有些猶豫，壞的情況是他不感興趣。他明顯沒有預備好要解除戒心來享受一番。

　　如果光有化學作用而欠缺契合度是個地雷，那如果只有契合度卻沒有化學作用呢？比較不愛追求新奇而會逃避傷害類型的人，可能會理智選擇避開化學作用的腐蝕問題，而選擇更安全、可預測的路線：高契合度、弱化學反應。有些伴侶適合一同規劃社交聚會等活動，或在交往久了之後一起穿舒舒服服的運動褲、邊吃海鹽焦糖冰淇淋，邊配最愛的電視節目。如此契合的對象也值得一談。多數單身人士在某些時刻是願意將就，但也有些人覺得非有化學作用不可，否則簡直就像是擺爛接受慢性死亡。

　　我跟選擇契合度高而化學作用少的人對談時，很多人承認是靠有意識的動機在維持雙方關係。史考特這樣說著幾乎無性的婚姻生

活:「我在戀愛初期覺得跟她在一起很自在。當時感覺很浪漫,在一起也能時做自己。」

走這風格的伴侶,追求訊息當中可能比較正經一點。

> 安妮:嗨,對了你怎麼啦?選擇障礙嗎?
>
> > 史蒂夫:生活上鳥事一堆……但我確實也不太擅長應付。妳居然對我有一咪咪興趣,真高興。如果妳下周末在這附近,我們可以見個面。
>
> 安妮:好呀!
>
> 安妮:如果周六約出來走走如何?後續我來想。
>
> > 史蒂夫:好,妳想去哪?
>
> 安妮:在戶外踏踏青如何?還是你已經走膩了?
>
> > 史蒂夫:聽起來不錯……我想說可以去鎮上買東西到公園吃,就像我們上次那樣。附近有賣義式冰淇淋。

安妮對於史蒂夫回應的熱情缺缺感到提不起勁,但她會受到他的吸引是因為他感覺是個不錯的沉穩男子,可以想像跟他在一起的景象。她對我吐露:「我原本想要多排運動行程,通常我會說先爬完山再吃義式冰淇淋,但我想這時候還是直接答應就好了。」

安妮和史蒂夫似乎都沒有在訊息中投注多少熱情或是創意。他

們滿足於兩人都好的實際規劃。或許他們能在缺少化學作用的情況下擁有契合度，不像電影所演的情節，但也還過得去。

然而，沒有契合度的話，也就是化學作用跟契合度「都」沒有的話，雙方的追求行為很可能走不下去。有些對話會自動淡出，沒有解釋也沒有道別。因為，到底還有什麼好說？

派翠西亞在約會兩次後，花了一番功夫當面解釋自己對尼爾沒有興趣，然後收到以下的訊息：

> 尼爾：嗨，謝謝妳坦白妳的想法跟感受。不過我真的滿驚訝的，因為我們真的聊了很多。我知道之前可能聊得不愉快，而且妳冒犯到我的時候可能是在開玩笑，但我真的不懂如果沒有要繼續約，幹嘛還要花那麼多時間聊。重點不就是把狀況解決，然後繼續發展嗎？如果不是，我就懂妳意思了，妳可以不用回我。我喜歡妳，所以真的很受衝擊，感覺被潑了冷水。

> 尼爾：嗨，我昨晚把手機忘在朋友家，剛拿回來。妳今天晚一點想聊嗎？

> 尼爾：看來妳不想，好吧。我嘗試跟妳溝通，但顯然妳不願意。這絕對是我遇過最怪的交友經歷（可能對其他人來說也很怪）。祝福妳，對下一個人好一點（或至少跟他溝通）。真心祝福。

很諷刺地，派翠西亞花時間告訴尼爾自己的感受，而不是直接閃躲他，結果尼爾似乎變得更加疑惑。他明顯是被甩掉了，但他否認這個事實，表現出某些自戀人格問題的跡象。拒絕對他來說好像是外國語言，他不去聽懂，就算對方說得大聲又清楚。他想裝作沒事，說只是失誤或是誤會，而且還賴在別人身上。現在派翠西亞被扣上「不愛溝通」的帽子，而情境還很「奇怪」。尼爾低頭看自己中槍的地方，他似乎只能理解成派翠西亞想必是個神射手。

對，搞失蹤很不用心，或許算是懦弱的表現。這常會讓對方搞不清楚情況，或是懷疑起自己到底哪裡做得不好。不過，**當對方已經很有氣度地離場後，不想放下才更糟糕。因為事實是，有時候離開一段正要開展的關係，把原因講得再明白也很傷人。**「我對你沒感覺」可能讓人瘀青，而「我不喜歡你的接吻技巧」則恐怕會留下傷疤。追求期越久，要脫身越需要勇氣。太早結束一段關係的悔憾，跟太晚才退出相比，通常只是小巫見大巫。

👉 主導兩人之間的互動

權力結構表現會在初相識所傳的訊息中隱隱透出來，而當追求期進一步開展時，則會火力全開。這時候，自然會冒出對於立場、地位和階層相關的提問。我們會開始找出對方在家庭、友情、團體和最重要的過去情史之中的定位。這些是我們會帶入其他每段關係的遺物，在本身消滅後卻陰魂不散，是種關於權力的行李，裡頭自帶某種語言。

大家提到自己的社交圈時，訴說方式總會經過扭曲。如同我們在第三章所見，說故事是個反反覆覆的過程，每個版本都有被加油添醋或是輕描淡寫的地方。會有不少自吹自擂或自暴自棄的內容，時間線會混淆，當下的選詞用字會不一樣——這些不盡然是說謊，卻是受到當事人感受、聽故事對象以及超越意識範圍之外的因素加總影響。

講故事時，比起說話時的修辭、詞彙或語法，更能看出蹊蹺的又是代名詞。大腦在處理這些「潛行詞」時較沒有意識，但在文字訊息中可是交代得一清二楚。我們對於社交圈的表達方式，會透露出我們在其中所處的地位。

說到工作時 [93]，高階主管常常會講到「我們」和「我們的」，這麼說話不僅僅是自己的預設立場，而是他們確實是代表團體發言。另一方面，下屬則會反映出職位中的「我」和「我的」。在談團體、家庭或朋友時，也會有同樣的情況。使用「我們」的時候涉及安全感，無論實際上是指「我們的」讀書會、「我們的」足球隊或是「我們的」父母。另一方面，使用第一人稱單數時隱含了不安全感。然而，在某個圈子擁有高地位，並不表示在其他圈子也一樣。最重要的代名詞使用方式，不僅顯現一個人在某個圈子當中的當前地位，也反映「自己期望」的地位。

在虛詞分析中 [94]，佩內貝克不僅把代名詞視為先前所述的注意力指標，另外也是權力、權威、社會地位和性別的指標。他表示地位較高者（男性、年長者和社會階級較高者）更頻繁使用「名詞詞組」（noun cluster）。名詞詞組包含冠詞、名詞和介係詞的搭配，

通常會用較高深的字。

相反地，女性、年輕人和社會階級較低者更常使用「名詞＋動詞詞組」（pronoun-verb cluster），其中包含人稱及非人稱代名詞（尤其是第一人稱的「我」和「我的」）加上助動詞（「是」、「會」、「應該」），還有某些特定的認知用語。

來看看以下兩句話的差別：

「不敢相信你昨晚沒打電話來——我希望你有打來。」
「承諾會打電話卻沒做到，很不顧別人感受。」

（有意識或無意識中）自認握有權力的人，較可能會用第二種方式傳達想法。佩內貝克解釋，這些人「更可能自己做決策，而不顧他人想法」。

他說：「換言之[95]，如果你在某個情境中沒有權力，最好要多注意他人。但如果你是老大，就應該把注意力放在手邊的任務上。就連其他群居的動物[96]也有這種行動模式，狗老大會注意周遭，而普通狗則是注意狗老大。」

至於自認權力較小的人普遍常用第一人稱單數的現象，佩內貝克表示：「『我』是所有字的主控要件，因為表示自我聚焦，所以能連結到憂鬱、地位、欺瞞。」他解釋道，使用第一人稱代名詞表示注意自己，而人在處於下位時，就會更注意自己。感情關係當中產生權力和地位結構時，主導的人會開始多講「我們」和「你（們）」，而下位者越擔憂自己形象時，就更常講「我」。（如同前

一章所說，人在說謊時常常會少講「我」。）佩內貝克說道：「很諷刺地，欺瞞與高地位相連結。擁有權勢的人在回覆他人時要更語帶保留。」

想真正理解訊息中的權力結構表現以及契合度，比起只看一小段，追蹤長期的訊息更重要。這些表現較難進行薄片擷取，因為容易受到個別狀況影響。其中一人在任何一個時間點主導，很可能在另一時刻就交出主導權。觀察這種變化對於衡量權力在關係中扮演何種角色很重要。

有些趨勢則不太會改變。男性較常用冠詞[97]，尤其是「這個」和「一個」。冠詞的使用也連結到權力和權威。當然，冠詞會表示特定性與否，因此和下達指示和命令有關。很驚人的是，如果增加某個人的睪固酮濃度，他們會使用更多這種「男性化」的虛詞。使用冠詞的人通常更加注重秩序，且更加情緒穩定、盡職、政治立場保守以及年紀較大。寫作時使用冠詞也會更正式、更有力道而較不誠懇。風格較偏向敘事的人強調「和」還有「一起」，較外向且喜歡社交。

以下是艾倫和賴瑞之間的訊息，賴瑞使用明顯的敘事風格。

> 艾倫：我今晚在卡斯特羅*劇院看了《逍遙騎士》**。
> 看過嗎？

---

* Castro

** *Easy Rider*，由丹尼斯・霍珀（Dennis Hopper）自導自演的電影，於 1969 年首次上映。

賴瑞：早安。抱歉，妳找我時我已經睡了。《逍遙騎士》……好久沒看了。印象中，與其說是好電影，不如說是呈現出某個概念。我喜歡裡面的配樂，記得當時有個感想是，如果我要橫跨國家的話，摩托車汽缸要更大才行。那讓我回想起大家彼此善待的美好過去，且大家努力想著如何團結，而不是撕裂社會。我常常在想自己是不是該早二十五年出生……

艾倫：你跟丹尼斯・霍珀的角色有點像。有一次他們圍坐在火堆旁邊，他說：「我不懂為什麼大家那麼怕我」，然後傑克・尼克森 * 回答：「怕你是因為你代表自由」，丹尼斯問：「自由哪裡不對？這就是美國精神」，傑克又說：「跟真正的自由不同，真正的自由很危險。」

賴瑞：沒錯。真正的自由把大家嚇個半死。必須要想怎麼說服他們，他們才願意和我一起享受自由。

賴瑞：十五分鐘後要電話會議，然後再去開個會 blah blah blah blah blah，晚點聊，掰

　　賴瑞不僅棄用刻板印象中男性用的正式語言（譬如「那是部經典電影」），而是用敘事的訴說方式，而且他還嘲笑電話會議和開會所用的呆板、傲慢的語言。

---

* Jack Nicholson

看著這些訊息，我們可以探知情侶間的溝通風格，是正式而具權威、反思、分析式，或是比較不求章法且像說故事般的風格。書寫風格反映出思考風格，在思考風格方面配對度較高的情侶，較能夠順利發展。

👉 評估遭到拒絕的風險

戀愛關係真正建立之前的追求期潛藏一種特點，那就是害怕遭到拒絕。進入追求期，每個人的信心有高有低。因為新戀情的結果本身並無法確定，而可能增加焦慮感，所以踏入這領域表示要習慣不自在的感受。這特別適用於容易把關係終結視為一種失敗，或甚至會怪罪他人的人。願意投入感情表示在減緩這些焦慮感。

害怕遭到拒絕可能會觸發防備行為。對於搞曖昧信心不足的人，可能會為了避免被拒絕而出言譏笑或冒犯人，說反話來恭維人而不是正面稱讚。其中有些行為受到流行文化的鼓勵[98]，尤其艾倫・費恩（Ellen Fein）和雪莉・史耐德（Sherrie Schneider）在1990年代的推出的作品《戀愛必勝守則》（*The Rules*），裡頭鼓勵女性不要搞曖昧，甚至要對感興趣的對象表現冷漠。同樣地，尼爾・史特勞斯（Neil Strauss）所寫的《把妹達人》（*The Game*）中，教導男性「虧妹」[99]的技術，也就是用調侃的方式讚美女性，讓對方感到不安，因此較容易接受男性的追求。這兩本書都強調不安感和控制，建議欲擒故縱最能引起注意。

或許能從一個人在追求期的行為學到的最重要之事，是他願

意冒多少險，以及這個人判斷這個風險是根據情境（視外在因素而定），還是反映出自我或自我價值感（顯示出內在缺陷）。**如果你想要找具備健康情感依附模式的人，能真心給讚美並放下防備，只要不太趕或是太過頭，就是個好徵兆。**這能夠加強默契和理解的培養（後續章節會再談）。如同王爾德（Oscar Wilde）劇作《不可兒戲》（*The Importance of Being Earnest*）中阿爾杰農（Algernon）的角色所說：「浪漫的精髓[100]在於不確定性。如果我有天要結婚，我一定會努力忘記這一點。」

剖析追求期的訊息要素

目前我們把追求期可在訊息中分析的要素細分成回覆速度、注意力、理解、溝通風格、權力，以及冒險的意願，這些要素有時會超越言語。以下卡拉和古斯塔沃的互動所顯示的問題常受到輕忽。

> 卡拉：我知道這樣很怪，但我會拿你留在我家的襯衫來聞。
>
> > 古斯塔沃：如果帶去辦公室的話才奇怪。聞起來是什麼味道？
>
> 卡拉：當然像你的味道啊，傻瓜！
>
> > 古斯塔沃：謝了，明知故問。我是什麼味道？

卡拉：不知道，我不太會描述。馬芬和皮革吧。

古斯塔沃：皮革馬芬喔？我喜歡

卡拉：皮革風味可口馬芬男。那我呢？我是什麼味道？

古斯塔沃：很難講，主要就洗髮精味吧。

卡拉：希望你還喜歡，一瓶29塊。

古斯塔沃：是齁，真讚。

　　一般想法是異性戀女性喜歡擁有資源和階級的男性。瑞秋・赫茲博士（Dr. Rachel Herz）則持不同意見。她是布朗大學的神經科學家[101]，專攻氣味心理學，著有《嗅覺之謎》（*The Scent of Desire*）。她的研究中顯示比起其他特徵，女性是否男性受到吸引，最在意的是他們的氣味。要用言語表示不容易。神經科學家相信，所有感官之中，最難用言詞描述出嗅覺。

　　對此赫茲的研究有一番見地。她研究鼻尖和舌尖之間的關係——以這兩人的情況來說要換成指尖。我們對於氣味講出的描述，明顯會影響我們的感受、記憶和感知。味道的一大力量在於嗅球緊鄰著邊緣（limbic）系統，即大腦的直覺及心情中樞，這是個很情緒化的區域。

　　人類嗅覺位於難以言喻的高深空間，未受到語言影響。看到蘋果或是聽見咬蘋果的聲音會讓人想到「蘋果」這個詞，而蘋果香味則觸發無意識的思緒、鮮明的記憶，還有強烈的情緒，就像是用超越形體的氣球，乘載著意識穿越了時空。

然而，赫茲的研究顯示，把氣味貼上名稱標籤後，就會刺穿氣球，讓它掉落到地上。鼻子特有的認知自由很容易被舌尖吐出的言語束縛。譬如，登機時你可能會因為景象、聲音以及最主要的氣味觸發，因而感到興奮且湧現出種種回憶。但要是有意識地去描述出「飛機燃油和瀝青排放物」，興奮感和回憶就都煙消雲散了，只剩下對於化石燃料的概念。

　　卡拉說：「當然像你的味道啊，傻瓜！」她說出了自己的感想，也就是把衣服拿到臉前一聞，讓她想到他整個人。但被催促描述氣味時，這種特性就消失了。她只剩下皮革和馬芬這種不完整的描述詞，以及對於這兩個物品的聯想。為氣味貼上標籤甚至會造成嗅覺的錯覺，也就是物品會聞起來越來越像標籤的名稱。對於卡拉來說，可憐的古斯塔沃可能最後真的會散發出皮革馬芬味。這就是語言對於氣味的力量。

　　這不表示我們不能談論氣味相關的主題。告訴某個人你喜歡他的味道很能增進交情，但或許要讓這些話停留久一點，不要去解釋更多，否則就好像是對難以言喻的化學作用嗤之以鼻了。

讓訊息越傳越親密
用讚美、包容、坦白打造粉紅泡泡

> 艾伯特：我們昨晚根本風風火火！
>
> 瑪莉卡：哈哈，真的
>
> 艾伯特：就像米的白
>
> 瑪莉卡：就像豆的黑眼
>
> 艾伯特：就像嗯嗯旁的蒼蠅
>
> 瑪莉卡：笑死

　　隨著情侶從追求期進入到親密關係，焦點從「我」轉到「我們」。

　　據聞馬克・吐溫（Mark Twain）說過：「只有帝王、編輯和長條蟲的人，有權利使用『我們』的群體代稱。」即使這個十九世紀的俏皮話常常引用錯出處，不過他確實在《馬克・吐溫記事本》（*Mark Twain's Notebook*）中寫道：「愛看似迅速蔓延[102]，實則滋

長速度最緩慢。」這裡講的滋長就是從兩個「我」變成開始自稱為「我們」。

說到「我們」，裡頭有很多個「是的」（法文中「是的」的講法「oui」跟英文中「我們」的「we」講法發音相同）。給了許可、允許通關，鎖鏈也上得更緊；冒了風險，犯了錯誤並獲得原諒。代表尊嚴權威的「我們」成為了「咱們小倆口」中親密的「我們」，愛情便如此滋長。

然而，有時候這樣的滋長令人喘不過氣。「我們很愛那家餐廳，對吧？」或是嘮叨時說的「我們真的該洗你的衣服了」，又或是更糟糕的講法，用「我們」來代稱「我」或是「你」，卻不是真正在說「我們」。字詞的固有意涵會在我們不經意中悄悄轉變，除非我們想起要拿出儲存在手機中的對話寶庫來看。

> 艾薇娃：昨晚超好玩～變成我現在最喜歡喝酒的地方
>
> 艾薇娃：應該要說「我們的」
>
> > 史考特：我喜歡跟妳出去，知道為什麼嗎？
>
> 艾薇娃：哈，為什麼？
>
> > 史考特：因為我們是受全場矚目的一對

艾薇娃使用複數所有格來描述他們約會的地點，而史考特則用「我們」來表示兩人是受人認同的一體。艾薇娃從中認為他們的感

情升到新的層次。

我們是哪種「我們」？心理諮商師埃絲特．沛瑞爾（Esther Perel）在著作《情欲徒刑》（*Mating in Captivity*）中說道：「『屈服』和『自主』是愛情的兩大支柱[103]。我們需要在一起，也需要分開，兩者缺一不可。」她主張，在感情當中我們必須要兼顧相互牴觸的想法和需求，並調節自身欲望，在安全和冒險中找出平衡點。就此而言，與其說感情是待解決的問題，不如說是要管理的矛盾。欲望的一大部分在於心生嚮往。我的朋友威廉傳給我的訊息總結了這點：「當然愛不是一勞永逸，而是要不斷努力去解決的永久難題。我們自認為想要的，不是自己真正想要的。嚮往就是一切。」或如同精神分析師雅各．拉岡（Jacques Lacan）所下的結論：「愛就是把自己所無之物，給予沒去索求的人[104]。」

沛瑞爾指出，親密一詞「intimacy」可以依音節切分成「into-me-see!」，意指「好好看看我！」儘管我們希望戀愛對象能以徹底的理解望向我們的內心深處，這種心願只代表人類雙面欲望之中的一面。期望能完全掌握對方心思和行動的「我們」，只不過是渴望完全自由的「我們」的反面。**我們想要感到結為一體而不會孤單，同時又感覺夠獨立而能感受到自我。**

這可說是概括呈現出愛利克．艾瑞克森（Erik Erikson）所說的發展階段。艾瑞克森是知名的心理學家[105]，他提出的著名理論總結了人生各個階段。他描述嬰兒的首要任務在於建立出對母親的信任感，這能夠帶來希望。繼信任感之後的第二階段發展，是建立出自主性和自由意識。當然，對於成人之間的關係而言，建立信任感

是個擴及一生的過程。成年所「獲取的信任」不同於嬰兒期的「完全信任」,體現於我們的對話和訊息中。這些互動進一步開展時,可能毀壞或是增進感情。

本章中,我們將會檢視愛情的文字對話、雙方如何達成同調以及建立信任。

👉 愛的五種語言

蓋瑞・巧門(Gary Chapman)銷售長紅的《愛之語》(*The Five Love Languages*)引發關注[106]。即使他的理論缺乏科學驗證,依我與病患交談的經驗來看,大家都認為這概念有助於檢視自己在戀愛中的溝通和互動。根據巧門著作的說法,每個人都有主要和次要的愛之語,個別代表著他們傳達和體驗愛的偏好方式。

五種語言如下:肯定的言詞、精心的時刻、接受禮物、服務的行動、身體的接觸。巧門主張注意另一半如何「傳達」愛意,也就是對方喜歡和抱怨哪些事,便能夠得知對方希望「收到」的愛,因此用對方能懂的語言來和他說話。譬如,妳先生在妳出外時摺衣服,期望妳回到家時能感受到他的愛,但妳真正想要的其實是他在洗衣間工作台上對妳激情表示一番。這樣的話,你們兩人就不是說同種語言,很可能雙雙感到失望。

愛之語的魅力在於簡明扼要。人很容易以為可以做個小測驗,然後就能夠突破感情中全部的溝通屏障。「他當然沒有去倒垃圾,他又不是願意為人付出行動的人。」就巧門的愛之語而言,解決衝

突就是提出你想獲得「哪種」愛那樣直接，但他的理論又碰巧避談放下心防的需求。感覺匱乏是不必要的，問題在於用另一半能懂的語言來傳達出你缺乏什麼。

當然，愛情令人苦惱的一點在於，時時刻刻都埋藏著感到失落的可能性。無論兩人有多登對、無論渴求有多美好，恐怕沒有人能滿足我們的所有需求。如此一來，便不難想見人不願意面對冷硬的事實，而想相信愛情說穿了就是講對語言。這些語言是否有效有所爭議，但要多注意自己和另一半傳達愛情的方法，並視狀況自我調控。

換句話說，理解什麼事能讓另一半感受到愛後加以行動，相當值得一試。如果去好市多採購一年份的衛生紙能讓伴侶開心，這可能就是適合去做的事，就算你私心想把時間和金錢用在兩人的城市小旅行上。如果你們之間的愛之語很少或沒有重疊的地方，而雙方長期以來都只能用陌生的方言對話，這段戀情恐怕潛藏著更大的問題。

當然，巧門所說的「語言」是比喻用法。除了肯定的話語之外，其他都不是真正的語言，而是種愛的展現。伴侶間的打字訊息也有其獨特的「語言」嗎？

☛ 打字如何傳達心意

從訊息中確實能夠找出對應到愛之語的狀況。例如，有些人可能喜歡接受稱讚，而有些人寧可對方傳來有趣的新聞文章連結。有人需要一天傳二十則訊息才能感到充分交流，也有人寧願收到一則經過深思熟慮的訊息。我不會說愛之語只有這五種，但會在此提供

順遂感情之中會出現的幾種愛之語。

以下訊息中，讚美和言語上的肯定是山姆訊息的重點：

> 山姆：妳綁辮子的樣子讓我眼睛一亮耶。雖然我沒什麼資格要求，但如果妳願意的話，我們下次約會時也可以這樣綁嗎
>
> > 妮娜：笑死。要綁半小時耶。我感覺你是想要重溫小時候對寶‧狄瑞克*的幻想？她超美，我駕馭不了。
>
> 山姆：喔，被妳完全說中了。妳是完美女神
>
> 山姆：才不會，妳駕馭得很好。
>
> 山姆：我也希望能當妳的杜德利‧摩爾**，叫我亞瑟就好。
>
> > 妮娜：好啊，露一手英式腔調來聽聽
>
> 山姆：打字怎麼講得出來？

　　第一種語言——**讚美和肯定**可區分為外顯或隱藏、字面或比喻、注重外在或內在美。注意所說出的讚美屬於哪種類型，能顯示

---

* Bo Derek，美國演員兼模特兒。

** Dudley Moore，在電影《二八佳人花公子》（*Authur*）飾演主角亞瑟‧巴赫（Authur Bach），該電影原文便是以他為名。

出讚美者的特性和願意付出多少代價。就像是幽默的分類，把讚美歸類也能透露出人的思考模式。

當某人傳來「妳好正」的訊息，他給的是字面上的讚美。如果寫的是「妳的雙眸是藍色海洋」，就是使用比喻。喜愛用比喻來稱讚外貌的男性，說的語言女性通常會懂。女性認為給出這類讚美的人比較聰明，且更可能跟這樣的人變得親密。有些女性對於裝模作樣的讚美感到倒彈，而喜歡更大膽的行為。

羅伯托在下列訊息中稱讚得似乎很到位：

> 羅伯托：我不介意妳晚到，我喜歡等妳。妳出現的時候，黑白的世界瞬間變成全彩，因為寶貝走進來時，那個地方能感受到妳的光臨
>
> 寶拉：你寫的話好性感，我想要印出來摩擦全身。你很會說話。

第二種語言呼應了巧門說的「精心的時刻」，可以稱為**附和**（riffing），附和是種延續和增進交情的響應，沒有特定用意或是要抵達的終點。在沒有什麼話要說但還有一點時間時，就會開始附和。

> 拉什達：工作喔，好一個工作
>
> 艾莎：工作哪裡好？

拉什達：沒有哪裡好

艾莎：你來說說看

拉什達：這、不、是

艾莎：肯、德、雞

拉什達：聽到都餓了，還沒吃午餐

艾莎：笨蛋！我早上有幫你留一個三明治🙍

拉什達：變成狗食了

艾莎：我看是貓食吧，貓咪手腳更快又更靈光

　　願意去附和這種不正經的對話，或感覺像是快問快答般的熱絡對話表現出自己感興趣，因為雙方都放下手邊的事來花時間在線上相處。附和就像是即興段子一樣有種表演的感覺。附和的人不想要結束對話、登出，或讓最後一句話停留在對方那裡。

　　以下是席拉和法蘭克之間相互附和的訊息：

席拉：我喜歡跟天主教大家庭的次么*男生約會。有壞情發生的時候，他們還能笑出來

法蘭克：我的話，是天主教小家庭中的次么。

---

* 「penultimate」，源自於拉丁文，此處以自創的中文詞「次么」表示。

席拉：一對兄弟中的哥哥？

法蘭克：好吧，我要用估狗查查次么這個詞。一般來說，常被誤用成最後一個。我是兩個小孩中比較小的那個。

席拉：我指的是排行倒數第二

法蘭克：妳是對的，不過其實我一直想要當獨子……

席拉：很高興我讓你估狗三次了，是說，哪有人在算次數的啦？

法蘭克：妳當真以為只有三次？

席拉：至少你跟我說是三次。我還沒有藏針孔攝影機，最好之後來裝。

法蘭克：哈哈我原本希望是下次約會的時候，好吧……

席拉：那時候沒有要藏的啦

法蘭克：哈哈

　　席拉和法蘭克的互動是雙方共同進行的，而且可能有面對面辦不到的進展。重點不在於內容，而是能建立一種氛圍和默契感。他們配合彼此，並展現出自己重視跟對方相處的時間，就算只是用打字的。附和不是在現實中創造精心時刻的廉價替代做法，只是做法

不同，因此會有不同風格的互動。

第三種打字的愛之語是**傳連結來開闢有趣的新道路，或是分享有趣的圖片**。這能用來表示你常常想到對方，或是想要跟對方分享事物，不見得要提出話題。這種用打字的分享做法稱為餵食（spoon-feeding）。現在，情侶中的一方或是雙方，可能喜歡把另一半當作是個人的社群媒體塗鴉牆，不斷「餵食」對方日常生活的最新動態（照片！GIF 檔！迷因！），而且這有隨著年齡增加的趨勢（這裡痛！那裡痛！全身痛！）。這可能好玩也可能很煩人，或同時都有。總不能夠直接告訴你愛的人：「為什麼要把我當成塗鴉牆啊？」

歐迪在被賴瑞莎餵食時很是配合：

賴瑞莎：剛到店裡。

賴瑞莎：[照片]

賴瑞莎：[照片]

賴瑞莎：[照片]

> 歐迪：紅色那件，能穿給我看嗎？

賴瑞莎：[照片]

> 歐迪：很貼身好看，人家喜歡。

賴瑞莎：少來，我穿起來像臘腸。

賴瑞莎：[照片]

歐迪：那是鬼頭嗎？

賴瑞莎：是叫鬼頭刀

歐迪：喔……還要配把刀

賴瑞莎：哈。

另一方面，喬許則對瑪蒂給的更新消息提不起勁：

喬許：北鼻～我收到妳傳的照片時，就好像跳出公告
消息，打斷我在做的事。

瑪蒂：抱歉……只是想分享分享。

喬許：嗯啊，我知道。狗狗和自然風景是很美啦，但
可以先不要嗎？

　　巧門所提到的「服務的行動」也能在打字訊息中呈現，也就是
提議要幫忙或是給予精神上的支持。這種第四類的打字愛之語又叫
做**助推**（nudging）。以最簡單的形式而言，可以是簡潔的認同，不
用形成對話，但有表示出關心。

> 麥琳：你在幹嘛？

> > 多諾凡：看浪漫片，叫作《巧克力羅曼史》*

> 麥琳：哇喔，浪漫男子看浪漫片耶

> > 多諾凡：我就愛看肉麻浪漫片嘛

> 麥琳：難怪你人這麼暖

> > 多諾凡：噢😳謝謝我的性感寶貝。

助推也可以是真正提議協助或是支持：

> 羅斯：這個邀約好棒！我很想去，可是我生病了。昨
> 晚睡了快十二小時。今天勉強去工作，現在待
> 在家裡，正打算早點睡

> > 洛伊：沒關係～祝快快康復！需要我帶什麼去嗎？

> 羅斯：我希望妳不久之後能賞臉讓我請頓晚餐☺

助推也可以是說讓人安心的話，像是以下馬克斯和安潔間的交
流：

---

* 2019 年上映的電影，原文名為 *Love, Romance & Chocolate*，由喬納森‧萊特（Jonathan Wright）
所執導。

安潔：我們的計畫有個問題，我的租約上有寫不能分租
　　　給別人

安潔：而且所有鄰居都會看到我搬出去

安潔：我只能說暫時借朋友住

馬克斯：我不擔心

馬克斯：反正他感覺沒在跟鄰居說話

馬克斯：而且他根本弱智

馬克斯：租那種破屋給妳

安潔：哈哈好唷

　　第五種打字的愛之語叫作**暗中對話**（nooking）。暗中對話在所有打字語言中最強調肉欲，譬如在螢幕上跳出「等不及見到你」或是「愛你唷」的簡單幾個字。有時候是講專屬暱稱或親密用語。從表面看，也可以是舊稱的傳鹹濕訊息。有證據表明在穩定的戀愛關係中，傳鹹濕訊息能增進性方面的溝通。如此傳訊的情侶在感情中的情感程度和性方面較為相當。

克里斯：想念妳的身體，想念碰觸妳、一起睡、黏在
　　　　一起和恩愛。我周五晚點會回去。愛妳唷

卡拉：嗯嗯，我也想你。你哪時候回來？

克里斯：半夜，那時妳會醒著？

卡拉：會唷，醒著等你！

有時候打字訊息能吐露重要心思。一開始可能是說了句「你自己一個人嗎？」雖然沒有其他人會看你傳的訊息，而你距離伴侶也很遠，但你希望能在私下場合對話。

康斯坦丁：欸，有件事很怪，要跟妳說才行。

泰瑞莎：等我一下

泰瑞莎：嗨，怎麼了？

康斯坦丁：早上發生的事，感覺不像是我自己的事，
　　　　　而是我們兩人一起的。

泰瑞莎：哇，我根本不知道怎麼描述，但我也有一樣
　　　　的感覺。

康斯坦丁：太神奇了

泰瑞莎：真的很神奇

康斯坦丁：接下來呢？

泰瑞莎：我們再試一次。

康斯坦丁：哈，然後又再一次。妳很棒

> 泰瑞莎：你很棒

> 康斯坦丁：我們都很棒

> 泰瑞莎：沒錯

　　無論最喜歡哪個愛之語，最重要的是溝通時的契合度。舉例來說，妮可在附和及助推下感覺受到關照，但怕自己有時候太常餵食。以下訊息中，布雷克起初取笑她愛餵食，接著用附和及助推來逗樂她：

> 妮可：我六點半醒來，超精實地騎了心率區間Z4*的單
>   車九十分鐘耶，汗流了好幾公升。

> 布雷克：好猛。我乾掉300cc的IBT，然後回去再跑
>   一輪快速眼動期**。

> 妮可：IBT？滿口醫學用語，我都聽不懂耶，醫師大
>   大。好好睡吧

> 布雷克：愛爾蘭早餐茶的簡稱

> 妮可：我有想到應該是在講茶，但沒想到是愛爾蘭。
>   別忘了ADAT to BRAT（可耐香蕉、米飯、蘋果

---

* 最大心率百分比分為 Z1 到 Z5 五個區間，Z4 為最大心率的 80 到 90%，屬於中高強度。

** Rapid eye movement，快速眼動時期，做夢通常發生在這階段的睡眠。

和烤麵包的進階飲食法）*

> 布雷克：我不用特別ADAT to BRAT（要求川普和提
> 波變得自以為正義又討人厭）**，他們本來就
> 那個死樣子。

妮可：笑死，你好多縮寫哏喔。

妮可：好吧，那不要忘記TAMWYM（在尻尻時想我）。

> 布雷克：我會想著妳TAMWYM（怎麼用嘴撫觸人）。

☞ 兩個人如何使用同調的語言

　　心理學家兼感情專家高特曼[107]，對於順遂感情採用比巧門愛之語更講究科學的複雜觀點。高特曼談的是**畫出愛的地圖**。他解釋道，與人交往就好比是跟對方分享自己內在世界的一張地圖。這張地圖包含你過去的經驗和行李、當前的顧慮，還有對於未來抱持的希望。感情初萌芽時，這張地圖不夠詳細，但在感情一步步進展時，就會填入更多細節、重要地標，並且因應地形加上分層設色。感情中任何一方的內心都有一張地圖，最後兩人的地圖會在生活相互融合和一同建造世界時疊合在一起。

　　當然，想要了解另一半的愛情地圖的話，其中一個辦法就是提

---

* 　由後面括弧英文字首拼組起來的縮寫詞，直譯為「忍受屁孩」。
** 　原文同是以「A-D-A-T-to-B-R-A-T」為字首造出的句子。提波指前美式足球明星提姆‧提波（Tim Tebow），曾公開支持川普。

問。但這只是冰山一角，也就是建立信任的最表層。深層信任是要透過親密對話而建立，而高特曼主張他能藉由檢視情侶間的互動，估算出這段關係的信任程度。他認為，更高層次的信任是由「同調的語言」[108]所形成。

以下瑪萊莎和丹的對話中，很好地建立出信任和同調：

> 丹：謝謝妳今天幫我打氣。壓力山大。公司快不行了，我必須在周五出城。妳很重要～抱歉我今天沒辦法專心回妳

> 瑪萊莎：我懂。抱歉我可能期望太多。即使有很多限制，我還是想要好好享受我們兩人的相處時光。如果你遇到問題，我隨時樂意聽你說。如果你需要我靜靜聽，就跟我說～我會試試。

> 瑪萊莎：謝謝你發生這麼多事還是很努力，而且跟我說看到我很高興。如果沒有那種感覺，我就會難過得要命。

> 丹：了解。抱歉我態度前後不一又情緒化。妳確實擔起了讓我快樂的責任，我很感激。看到妳就開心。另一方面，當我心思不定又焦慮時，並不是妳的問題，而且不表示我跟妳在一起不開心。我沒有要避談妳的感受～我有注意到妳的難過。想跟妳說見到妳我很高興，就算狀態可

能不好或是不夠熱情也一樣。愛妳

> 瑪萊莎：謝謝～也謝謝你講這些讓我安心。可能我太敏感了。喜歡跟你在一起，希望一切都好。

丹：我們兩人完全同步。

　　瑪萊莎和丹是語言同調的最佳示範情侶檔。他們積極聽對方心聲、提醒彼此對方有多重要，並且用肯定和坦承回應。他們也展現對對方心態的包容和同理心，並且在回應時不緊鎖心門，接受各式各樣的情緒表達。

　　高特曼表示[109]同調（attunement）可以細分為六個項目，用 ATTUNE 的簡稱能方便記憶：覺察（Awaress）、迎接（Turning toward）、包容（Tolerance）、理解（Understanding）、不加以防備的回覆（Non-defensive responding）以及同理心（Empathy）。

　　儘管這些項目會透過語言展現出來，但也要切記，光是用對詞彙還不夠。詞彙有限，而把這些詞彙運用到不同情境的方式無窮無盡。所以，說「噢，聽起來好辛苦」時，理論上是同調的展現，但根據確切的講法和時機不同，表現出來可能讓人覺得是同理或是敷衍。

> 尼莉：我今早起床喉嚨痛，感覺糟透了，有好多事情要做。

> 麥可：真慘

尼莉知道自己是在哀怨，但他居然回覆「真慘」？這是同情還是沒多加掩飾地說「少唉唉叫了」？或許麥可以說「妳辛苦了」或是「好叫人心疼」。或許同調不在於說的內容，而是我們用什麼方式說出來。

相較之下，瑪莉亞在美國發生西岸大火時收到馬特的訊息，在關心他時更有同調的表現。

> 馬特：我下班回家聞到煙味，頭腦的狀況不是很好
>> 瑪莉亞：😔
>> 瑪莉亞：需要什麼嗎？我擔心你
>> 瑪莉亞：要不要我過去一趟？
> 馬特：我沒事，真的。只需要止痛藥、健怡可樂和睡一覺
>> 瑪莉亞：好

能賦予同情很好，但有時會太過頭，就像是賈斯汀的誇張表示：

> 蘇：我真的很焦慮
>> 賈斯汀：為什麼？給妳抱抱
> 蘇：感覺到好多壓力，工作時每個人都很失控。

> 賈斯汀：噢☺💕大大擁抱☺☺☺我要怎麼讓妳那
> 張美麗的臉上☺☺重新掛上笑容呢☺

賈斯汀的回應比較讓人覺得是「我只接受面帶微笑的感受」，而不是真正的同理。我們在下一章會更深入談談理解、不加以防備以及同理心。現在先看透過打字訊息達成同調的關注、迎接與包容。

如同在上一章所見，關注是表現出興致的明顯訊號，在說話風格匹配度和鏡像映射中都會浮現。另外也展現於回應度中。高特曼追蹤了情侶的交往期間[110]，結果發現感情順利的情侶會注意對方表示意向的起手式。如果另一半想要說話，他們會放下手機來聊一聊。又或者，在打字聊天的情況中，會在另一半想聊時拿起手機。

高特曼觀察情侶交往初期的互動，接著連續追蹤好幾年。他在愛情實驗室中，觀察情侶如何發出引發關注、感情、肯定或交流的邀請，並進行類型標示。高特曼所說的「邀請」（bid）[111]是指「情意溝通的基本單位」，可能在面對面時以言語或手勢出現，也可能在打字中出現。有的隱晦，有的鮮明；有的直接，有的有弦外之音。不論是哪種形式，邀請等於說出「多多注意我」。

高特曼在《關係療癒》（ The Relationship Cure ）一書中表示：「或許對話中的親密度深淺其實無所謂，或許情侶意見一致與否無所謂，或許重點在於他們怎麼注意彼此，無論是在談或做任何事。」

其中一方發出邀請時，回應方式有三種：「迎向」（注意邀請）、「逃避」（忽略或錯過邀請）以及「反對」（明著抗拒邀請）。抗拒聽起來很討厭，但至少抗拒邀請讓人可以去爭辯、討論或是持續互動。如果邀請被忽略或錯過，發起的人會被丟在一旁而感到受傷。

　　第六章瑪萊莎和丹之間的訊息交流中，雙方以同情和理解回應邀請。反觀以下互動中，布列特逃避了艾莉莎的邀請：

> 艾莉莎：明天一定會很美好。我喜歡溫暖的晚上在戶外用餐～讓我聯想到歐洲。
>
> 布列特：嗯啊，妳都可以常常旅行。

　　布列特大可以回覆：「噢，妳想在哪用餐呢？」但他錯過邀請，或可以說他故意忽略掉。

　　大衛以更明顯的抗拒反對傑克森的邀請：

> 傑克森：我在找這個月之後要去太浩湖的民宿。我需要換換環境，感覺真是受夠了。
>
> 大衛：秋天去太浩湖～是要幹嘛？等到下雪還比較有趣……

高特曼在愛情實驗室研究情侶[112]並將他們的回應分門別類時，他發現最順利的關係中（他把這些人稱為「情霸」），情侶有86％的時間會「迎向」彼此。相較於情霸的「情渣」，則只有33％的時間會迎向彼此。

情霸會經常提出邀請，也更常回覆對方的邀請。就算本身不擅長注意邀請，我們無意識中仍會察覺伴侶沒注意自己提出的邀請。不斷壓下邀請除了使人感到受傷之外，也可能導致人最終去從他人身上找尋回應。

賽門如下回應蜜雪兒的沉默，這個沉默其實就是她做出的被動邀請行為。因為她沒回他前幾則訊息，所以他就委婉地探問：

> 賽門：妳最近比平常安靜，怎麼了？
>
> > 蜜雪兒：抱歉。我在學《矽谷群瞎傳》裡面埃里克＊說的話。「在那之前，我們要學習野外的動物被逼到角落時那樣：對周遭的一切胡亂攻擊。」
> >
> > 蜜雪兒：我因為應付不來，覺得有點慌。我不是故意要對你無禮或是傷害你的感情。我真的很在乎你，也在乎我們兩人的關係。我知道我現在只是在把人遠遠推開。我不知道是不是要跟你說這些，一直在猶豫。

＊　埃里克・巴赫曼（Erlich Bachman）。

賽門不只是表示無奈，也引發蜜雪兒說出感覺。她表達心中恐懼時，或許也和賽門之間加強一些信任感。蜜雪兒說出了許多人在感情開始穩定下來時會有的心聲：感到慌張。這種慌張可能表示欠缺信任或擔憂失去自主性。

☛ 讓情侶之間更穩固的第三個「我」

有些情侶活在兩人的粉紅泡泡之中，使用情侶專屬車牌、共用電子信箱，並且穿情侶睡衣褲。他們像是張貼布告般宣示兩人在一起，如此高調讓旁人覺得自己好像錯過什麼人生精彩時刻。但真相是，這種依附的表現往往比想像中還要片面。感情關係中，通常有一方更緊抱對方不願鬆手。

確實，一個巴掌拍不響，要兩個人才能跳探戈。但如同很多感情專家那樣，把感情大小事都描述成二價體，恐怕也會出問題。兩個支柱所組成的結構本身不穩定，很容易傾斜。「二價體」的英文「bivalence」跟「模糊」一詞的「ambivalence」來自同樣的根源，根本就不是在講跳探戈（緊挨著彼此身體，並同步移動手腳），而是更急促而雜亂無章，常常會踩到對方的腳趾頭。

所以我們擱下以上所有浮濫的愛情比喻。兩人想靠在一起而不倒下，最佳方法就是建造出另一個要素，也就是我所說的第三個「我」。三個「我」之間有所連結但也有所區隔，是戀愛關係中最強健而能久存的型態，各個部分都提供支持力量，卻也能在不損害整體的情況下成長。這種架構鼓勵雙方跨出、擴展，並加強感情關

係的發展。就像是三腳架一樣，不管每根支架長度為何，整個結構都能站立，而在全部展開時能伸最長且最穩定。

擁抱第三個我表示放棄二價體的「你—我」，而選擇了三價的「你—我—我們」。我提出這個概念，用於已經開始認識並探索這段關係的情侶——雙方能個別成長，同時也能安心把新事物帶進這段關係之中，不斷維持探索的心態。

我們要怎麼在情侶的語言中找出這種架構？高特曼以研究佐證，**感情的健康狀態經常反映於情侶是否能傾聽對方心聲**。我們有時候會忽略掉溝通技巧的重要性，看不清自己沒能好好傾聽對方、對感情付出、陪伴另一半的狀況。但除了傾聽，也要為感情增添活力和豐富度，維持想像力和可能性。

感情專家沛瑞爾提出[113]，我們應該要創造出一種不見得緊繫著性吸引力的知性魅力。她把「愛欲」（eroticism）界定為應在一己內心所培養出的生命原力、能量或是活力，並能將其分享給另一半。要有這種能量，才能不斷建立心靈交流，且對第三個我的成長而言十分關鍵，因為第三個我很需要安全感和可預測性才能順利發展，但光靠這兩者還不足以生存。

以下情侶的對話中，兩人有各自的經歷，但也感覺到彼此間的交流。

瑪拉：這位翩翩公子過得如何？今晚我想你。旅途順利嗎？

> 艾里克：嗨，無聊又很累。估奈，愛妳唷

> 瑪拉：讓美好時光繼續吧……我出發要去運動了～祝
> 早晨愉快，代替我吃個法式甜甜圈。愛你

> 艾里克：又是忙碌的一天，抱歉沒辦法聯絡妳

> 瑪拉：沒關係，我能理解啊寶貝，只要知道有你在，
> 世界就會繼續運轉。你和我，我們是同樣的。
> 我們都努力讓各自發光。我永遠愛你。

瑪拉和艾里克的用語為彼此創造出能探索自由的空間。他們沒有逼問對方細節，而是騰出心理距離的空間，並營造神祕感，把對方看成與自己不同而有著陌生屬性的人，甚至可能把距離當成是帶來新鮮感的做法。

如果情侶之間無法在互動中真誠表露自我，溝通就會變得濫情。回想影集《歡樂單身派對》（*Seinfeld*）裡〈湯納粹〉（Soup Nazi[114]）那一集，傑瑞和女友不斷甜膩膩地重複著「小心肝」的親暱用語：「妳是小心肝。」「不，你才是小心肝。」喬治的角色用觀眾很能體會的不爽語氣說：「做那種事的人應該被逮捕。」

尼克和露絲就站在這個危險的懸崖邊：

> 尼克：我對妳身上的一切都滿是幻想

> 尼克：要加一個「幾乎」

尼克：幾乎身上的一切

尼克：這樣說好多了

露絲：差了腳

尼克：所以我才說幾乎。

露絲：好啦，我真的要睡著了，明天也得早起

尼克：好喔，我好好好愛妳

露絲：也很愛你喔傻瓜，晚安可愛蟲

尼克：晚安寶貝貝

露絲：<3

尼克：<3

　　確實，重複能讓人感到安全。大家都會從常對情人說的口頭禪中感到舒服。但如同沛瑞爾所說：「若說親密感因重複和熟悉而累積[115]，愛欲則是被重複給麻木。最能滋養的是神祕、新奇和意想不到的事物。愛情是擁有，欲望是嚮往。」

　　因此，信任和一體感最好要能在發展及自主性之間取得平衡。最長久的感情會持續從內部和外部成長。而成長，當然需要包容、同理心和理解。

　　以下引用詩人卡明斯（E. E. Cummings）的作品，內容正巧呼應

了打字式的斷句*：

你我

不僅僅是你

加我（一

ㄅ

ㄨ

ㄟ、是我們）[116]

---

* 這裡「因為」的英文「because」在斷句中拆分成 be、ca、us 及 e 四節，此處以注音拆分呈現。

07

讓關係長久的關鍵
同甘共苦、回應需求與尊重差異

> 莎拉：酷喔，我覺得比較舒服了
>
> 莎拉：完全，得到恭維、心聲被聽見，而且受到肯定
>
> 莎拉：真是感謝你
>
> > 亞當：這是在挖苦嗎？
>
> 莎拉：對喔
>
> 莎拉：挖苦進階版
>
> > 亞當：呵呵

　　因為亞當有時候缺乏點同情心，所以莎拉想要取笑他一番，亞當只總結出她在挖苦人。無論她有沒有這個意思，要從打字訊息中解讀出諷刺語氣本來就不簡單。既沒有臉部表情、說話語調，也沒有音調高低的變化。莎拉創意的進階用法能用來破冰。她沒有完全重建和諧狀態，但有往該方向出發。

列夫・托爾斯泰（Leo Tolstoy）曾經寫過：「幸福的家庭都是相似的[117]，不幸的家庭各有各的不幸。」這句節錄自小說《安娜・卡列尼娜》（*Anna Karenina*）的知名開場白創造了與之同名的原則。安娜・卡列尼娜原則在生態學和經濟學等不同學科中，表示失敗有無數種情況，而成功則需要各項關鍵都做到位。換句話說，偏離靶心很容易，命中紅心很難。

安娜・卡列尼娜原則也能擴展到戀愛方面嗎？

任何順利的感情中確實有數種基底，我們會在下一章帶到。上一章，我們開始探討同調的概念，此處我們會深入探討理解和尊重另一半內在世界的欲望和能力，以及這在打字訊息中會如何呈現。我們將會看看讓關係中能夠承接情緒的關鍵訊息要素——讓另一半感覺「獲得理解」的訊息特徵。

> 凱倫：有時候（其實一直以來）我覺得很脆弱又不安
>
> 凱倫：你敏感＝我不安
>
> 布萊恩：嗯，我知道了，抱歉，我會改進☹
>
> 凱倫：謝謝你，我沒有要讓你難過的意思
>
> 布萊恩：不重要，我可以改進。我該多注意的。

這裡凱倫在訊息中發出了增強安心感的邀請，布萊恩表示他會多多努力，兩人對話出現很多「我覺得」、「我知道」、「我會」、「我

該」和「我可以」。他在回應時表現出同調的關鍵原則：覺察（注意）、迎向和不加以防備的傾聽。

你在感情中如何表現自我？你對感情抱持或設下什麼期望？有些人想像愛情是把自己一心想要的事投射到另一人身上：對於情感的占有。以這種愛情形式而言，渴求的可能是想在另一半身上看到什麼，而不是另一半的真實模樣。但在追尋理想的同時，我們可能會看不見眼前的現實。愛情必須要是雙邊對話，而不能是一個人的獨角戲。

戀愛在人的心中和文化中占有重要地位，使人容易忘記戀愛其實算是社會建構的概念。我們成長過程總是聽著真愛的故事——永不退卻的激情、從此以後過著幸福快樂的日子，以及至死不渝。「如果找對了人，就能得到真愛」的公式看似很有道理，但總有一天會失靈。過著幸福快樂的日子，然後呢？科學很快就顯示，以生物學而言不可能會有恆久的激情。柏拉圖本人就把愛情說成嚴重的精神疾病。

明尼蘇達大學的學者艾倫・畢絲區德（Ellen Berscheid）和伊蓮・華斯特（Elaine Walster）被人描述為心理學界的兩位《末日狂花》女主角。她們的研究聚焦於有關激情的提問。她們一起設計出「激情量表」[118] 來衡量這種使人瘋狂的情緒，而根據她們的定義，激情是「情緒滿溢的狀態，當中參雜了各種感受，包含柔情和情欲、歡喜和痛苦、焦慮和欣慰，以及奉獻和嫉妒」。她們將激情界定為極度渴望與另一人結合的情況，並認為其中混和著不同思緒、感受、行為傾向以及有模式可循的生理進程。

請激情量表得分高的受試者[119]做功能性核磁共振造影（fMRI），並給他看有關情人的物品，結果他的腦部活動模式近似於成癮者——有種渴求感，甚至到了沉迷的地步。這些模式也有神經化學方面的根據，像是多巴胺和正腎上腺素濃度增加。

如同心理學家強納森・海德（Jonathan Haidt）[120]在《象與騎象人》（*The Happiness Hypothesis*）書中表示愛情是毒品。沒有任何一種毒品能讓人嗨到永遠，而是遲早會失去作用。大腦適應的過程中會產生抗性。生物學方面會回復平衡，而精神方面的平衡則不一定。海德說：「激情會暢快開展，也會有一天退卻。通常戀愛中某一方會先感受到這種改變，感覺就像是從共同的夢境中醒來，看見枕邊人流著口水的醜態。」我們可能在心中蓋了一座城堡，但現在卻成了亟需整修的房子，或甚至連房子都沒了，只剩下一個坑洞。某些人會因此心生動手翻修的念頭，某些人則想能跑多遠就跑多遠。沒有所謂的快樂結局，只有快樂的過程。

那麼，**如果順利的愛情有種共通的要素**，也就像是安娜・卡列尼娜原則所表示的，那就是重點不在於維持對於某人的理想形象，也就是我們在戀愛初期的激情中所產生的形象，**而是在於交融感**——**感受到自己被另一人所理解和看見**。因為能看見內心深處，所以彼此之間的界線消融了。日常存有的隔閡感、思想所形成的枷鎖、不可能讀出他人心思的情況也一一退去。到頭來，這種緊密感可能就是我們的救贖。

這種非理想化的愛情如同路易斯（C. S. Lewis）所說，具有「看透自身受魔法包覆的力量[121]，但還沒把魔法解除」。哪些關鍵存在

於這種愛情之中？恆久之愛可能有許多根本，而這裡要講的是其中三大基石。

☞ 長久愛情的基石一：同理心

> 卡蜜拉：祝你今晚在希臘劇院很開心！喔，超愛湯姆‧佩提*。
>
> > 內特：我幫你跟湯姆打招呼
>
> 卡蜜拉：跟他說我懂他的感覺
>
> > 內特：因為妳有滿滿的愛心，多到塞爆柏克萊
>
> 卡蜜拉：沒那麼誇張啦，但有時候我會被同理心占據
>
> > 內特：其實同理心被世人輕忽了
>
> > 內特：就像《長靴妖姬》**一樣☺
>
> 卡蜜拉：我懂
>
> > 內特：這就是生活中最簡單的事啊……

---

* Tom Petty（1950~2017年），湯姆‧佩提與萬人迷（Tom Petty & Heartbreakers）樂團主唱兼吉他手。
** Kinky Boots，2005年由祖利安‧查勞（Julian Jarrold）執導的喜劇電影，其後改編成百老匯音樂劇。

愛德華·鐵欽納（Edward Titchener）是名英國心理學家[122]，畢生多數著作都跟著他一同埋葬。他被認為是在1909年發明「同理心」（empathy）一詞的始祖。這個字取自於希臘文混加德文的洋涇濱詞彙「Einfühlung」，意指「對某事有感」。「同理心」成為二十世紀流行心理學術語的鼻祖，開啟一整個派別。這個詞彙現在變得很普遍，令人不禁好奇英語圈在還沒有納入這個新詞以前，要怎麼產生適切的情感交流。

無論有沒有這個詞彙，我們都天生有種同理心傾向，這是恆久愛情的第一個基礎。即使用意識去壓抑，同理心仍會浮現出來。自從出生開始，人就會自然而然產生依附情感，而對親人的安全情感連結能幫助人在個體和整個物種的演化。

不僅如此，同理心可以透過學習而得。**學習如何同理他人，能讓人從激情的狀態變得更懂得付出。**

自鐵欽納起，「同理心」用來描述各式各樣的情緒和狀態。欠缺同理心或是同理心氾濫，牽涉到精神診療層面的自戀、邊緣和反社會人格障礙的一種症狀。即使如此，我們應該要能辨別同理心的表現，以及其所描述的內心情感特質。一般常說的「展現同理心」是指有關慈悲的行為，但展現和感受是兩回事。舉例來說，為有所匱乏的人感到難過不太能算是同理心，而是來自於慈悲或是憐憫。

慈悲和憐憫不見得會連結到順利的長期戀愛關係，但同理心則與之息息相關。從另一方面來看，生活中某些方面的同理心於文化、社會，或是專業表現而言並不恰當，因此不被鼓勵。想像看看軍士要帶領一整個排的士兵進行嚴苛的操練時優柔寡斷，或是必須

做出重大手術的醫師顫抖不已，那樣是行不通的。不過在個人感情中，這是有必要的。**情侶如果缺乏強力而能滋養彼此的同理心，就沒辦法順利走下去。**

> 札克：抱歉電話上只能簡短說幾句。我很想要讓妳一起來，但他們限定只能有我們這幾個。
>
> 費勒西提：我完全懂！我不想當你們四人幫的電燈泡，但希望你能早點說清楚。我假都已經請好了。
>
> 札克：噢！是我不好，我不知道。這周末我妹也做了同樣的事情。我全部都規劃好了，結果她臨時說不能來，我還在氣她。

　　札克道歉並表示對於費勒西提感到麻煩的情況表示同情，甚至舉例說明他自己在另外一個情境中也有同感。但他錯失機會，沒能同理她被排除在外的感覺。如果說出「我不希望讓妳有被排除在外的感覺」，可能會讓費勒西提有種更能獲得理解的感受，因此比較不會覺得兩人站在對立面。

　　同理心通常被界定為打從內心理解並體會他人感觸的能力。同理心是因「為人設想」而產生感觸，而不是真正有一樣的感受。雖然有同樣感受是重要的第一步，但這不表示有同感的人就會提供支持。同理心的矛盾在於它可以用來支持或是針對另一個人，因此務必要理解同理心的本質，而不是注意到它存在就夠了。

另一半會跟你同甘或共苦嗎？

因為同理心會讓人有相同的體會，因此對於情感溝通方面有所影響，包含同甘和共苦。聖芭芭拉加州大學（University of California, Santa Barbara）心理學家雪莉・蓋博（Shelly Gable），以及她在羅徹斯特大學的同事萊斯發現，**戀愛中的人回應另一半好消息的情況，能高度預測兩人間的感情健康狀態。**

為了獲取結論，蓋博與團隊觀察大量約會中的情侶，檢視他們回應彼此好消息和壞消息的情況。有趣的是，結果發現對於好消息的回應比起壞消息的回應，還要能夠用來預測出感情長久與否。或許，這是因為支持對方面對壞消息很符合直覺，但共同慶賀成功則不那麼能在心理學層面反映出來。不過，被丟在山頂上的糟糕感受，也不輸被棄置於水溝裡頭。

害怕慶賀另一半的成功可能有幾種原因：不安全感、罪惡感、嫉妒和怨恨。我們本身有這些感受時，就很容易影響到為另一半慶賀的意願。

在〈事情順利時怎麼辦？〉（What Do You Do When Things Go Right?）[123] 一文中，研究學者把對於好消息的反應分為四種：「被動毀滅」、「主動毀滅」、「被動建設」和「主動建設」。

被動毀滅是冷落的回應，像是轉移話題——類似於打字訊息中說聲「喔」。主動毀滅則是聽到消息的人舉出好事之中的壞事，或是在雞蛋裡挑骨頭。

> 伊蓮娜：告訴你喔～我成為擔任團隊小組長的人選之
> 　　　　一耶！
>
> > 泰德：那樣不是會多很多事要做？

被動建設的回應中，沒有特別明白表示支持，只是普普通通地帶過，就只是默默一起共享喜悅。

> 瑪妮：我幫網站做好的設計讓我好興奮喔！
>
> > 約翰：真棒👀

主動建設回應中，熱情表示出內心感到的欣喜，有豐富的情緒和進一步關切。

> 貝琪：我終於拿到職缺了，我是本日焦點！
>
> > 雷夫：十年的焦點都是妳，寶貝。超棒的。我知道妳
> > 　　　很努力爭取，承受了很大壓力。我迫不及待想
> > 　　　知道更多細節。

四種回應法當中，主動建設當然最能夠展現出真正的同理心。能讓雙方一同享受喜悅，並有機會能在好消息中促進感情。蓋博發現，情侶之間有主動建設的回應時，與更佳的感情品質呈正相關，

體現於滿意度、投入程度、信任感和親密感之中。

因此，認定同理心只適合在低潮時期作為慰藉和討拍用的想法，恐怕會耽誤戀愛關係。雖然同理心視情況而有所不同（職場上、朋友間，或是與修電纜人員講電話），但對於另一半來說只有一種能順利運作的有效模式：開啟。或多或少，必須要不斷留意情緒才能夠做出調整，並且延續同理心。這就是同調的真義。

我們都曾經試著去解讀（或者去傳達）打字中的細微情緒而感到困難。如果面對面時不易有同理心，在數位溝通中又更加艱難了。打字訊息容易引發誤解，因為我們沒有確實「聽見」對方說出那些話語的口吻，而大腦會用刻板印象來填補空白。

同理心從對話中產生，打字也是一種對話，但若要有效產生同理心，就必須要好好記住文字後面的真人，包含我們自己。我們對於打字訊息中的情緒偵測能力一方面當然受到過去經驗和觀點的影響，且解讀帶有情緒的訊息，會因自己當前所處狀態而有所不同。

詹姆斯在和麥肯齊一場激烈的對話後避不回訊，因此麥肯齊詢問他的狀況。他回應道：

詹姆斯：我還在整理心情

麥肯齊聽到這句話有種被拒絕的感受，感覺像是詹姆斯朝遠離她的方向在整理。但她並沒有因為這種被拒絕的感受而鬧脾氣，而

是考慮詹姆斯可能感到受傷的情況，因此如下回應：

> 麥肯齊：我希望不要害你感覺不好

詹姆斯：謝謝，我感受到了。我不擅長應對衝突。我從小就活在大家表面都不說，卻在背後批評的環境中。

> 麥肯齊：我也活在有很多批評的成長環境。過去常常以為我需要這些批評，但現在開始放下這種想法。說到這個，如果我希望你能安慰我一下，可以嗎？

詹姆斯：當然。我不回應並不是在背後批評妳，我們都受夠這些了。愛妳

　　看著充滿情緒的訊息時，很容易會糾結於一個關鍵字詞而從中下定論。更實用的做法是看整串文字，想想這些言語背後蘊含的情緒，以及說出這些話的那個人。在任何感情關係中，我們會理解伴侶的脆弱和情緒負擔，反過來也是一樣的。我們可以幫他們減輕負荷，又或是用以打擊對方。麥肯齊察覺到詹姆斯心情低落並用疏遠（「整理」）的方式來復原，她表達「雖然之前的事情很難過，但需要時我會在」來加強信任感。

　　既然以上情境中可能會造成誤解，因此可以輕易指出網路聊天

的缺點。但是，用打字應對情緒滿載或影響重大的對話，是不是也有好處呢？其中一個好處在於，雙方都能身處於各自感到舒適的環境中。溝通不會因為聲音顫抖或是眼神飄移而受挫。有時候對方不在現場，情緒反而不會太高漲。另一個明顯的好處在於延遲性，也就是對方打字後到你回應的時間之間有段延遲，可以利用這段時間斟酌答案（只要延遲不要久到像是在逃避）。

不過，缺點倒是真的。儘管打字訊息能減少情緒化的表達，但也可能會被用來講出面對面時不會說出的傷人話語，又或是用來推託或是避開深入溝通的邀請。使用行動裝置會讓我們壓抑天生的同理心傾向。

下例中，奧斯汀臨時取消跟塔瑪拉的約定，且避開深入對談和可能會遭受的批評：

> 塔瑪拉：我飛機快降落了。我們明天確定要去聽大衛・拜恩*的演唱會嗎？

> 奧斯汀：我忘記有一件公事要辦，沒辦法。只好給他一個大大的掰掰。再跟妳說妳禮拜三的安排。

> 塔瑪拉：運氣好的話，禮拜三我就能見證你的貴人多忘事了。

> 奧斯汀：忘事我最在行了，過頭就不好。我還忘了什

---

* David Byrne，蘇格蘭裔美國歌手、演員以及電影製片人。

麼嗎？想到就怕。

塔瑪拉：像是到機場接我，計程車都是菸味。

奧斯汀：妳搭計程車？還真是怪了。

透過打字，奧斯汀輕描淡寫帶過自己可能讓塔瑪垃失望的情況，如果是講電話則可能會爭吵或是辯論一番。他用無關的幽默感來推託責任。

事實上，同理心和理解主要仰賴的不是對話的媒介，而是創造對話空間的意願。具有同理心的互動，必須有良好意圖或是真心為對方著想的心情為基礎。如果目標是說服對方、操弄對方的感受來配合自己、爭個誰對誰錯，那麼同理心就只能退居幕後。同理心適合在安全空間滋長，在陷阱或是死巷中則不然。

☞ 長久愛情的基石二：尊重

若說長久愛情的首要先決條件是同理心，那麼互相尊重排第二。在傑克跟迪倫的媽媽見面後，他們因信任、同理心和尊重而滿心歡喜。

迪倫：她說看得出來我為什麼這麼喜歡你

傑克：哇哇哇

傑克：真是大消息

迪倫：因為你人好、健談、善良又出色

迪倫：整體來說非常順利耶

迪倫：謝謝這樣的你

傑克：哇喔迪倫

傑克：我好開心喔

迪倫：超棒

傑克：我好愛你

迪倫：讚讚

迪倫：接下來就換去你家了吧

迪倫：雖然我寧願和你窩在一起，不想去其他地方

傑克：對，我也是那樣

傑克：那樣很美好

　　尊重的英文「respect」來自於拉丁字根，意思是回頭看顧、考量、緩解和暫時得救。《開口就說對話》（ *Crucial Conversations* ）一書說得好：「尊重就像是空氣[124]。只要存在，沒有人會多想。但要是被抽走，大家都會滿腦子只剩這件事。」每段關係都會有不了解伴侶或無法同理對方感受的時候，但我們一定要努力去信任、尊

重和接納。

感情專家高特曼[125]強調沒有衝突的關係只存在於童話故事中。事實上，雙方有不合的狀況都是可以和解的，且不合就只是意見不同。**聚焦在雙方的差異很容易，尊重對方選擇則需要付出努力。**如同表達同理心時，正能量很重要（慶賀好消息，而不只是對壞事產生憐憫），對於伴侶的正向表達也能多多強化關係中的「尊重」。想辦法讓伴侶知道你珍惜對方是重要關鍵。高特曼強調，為做到這點，要「敬重」對方，並且「多看優點」。

大家很容易認為只要對方是對的人，就一定能敬重對方。但曾經跟另一半激烈爭吵的人都能見證，尊重不見得可以自然流露出來。在意見不合時，需要花心神才能實際辦到。尼可拉斯・艾普利（Nicholas Epley）是芝加哥大學的行為科學教授[126]，他在《為什麼我們經常誤解人心？》（*Mindwise*）書中提到，情侶自認為了解對方的喜好，但實際上只有44％正確。他說明，就算是較長期的感情也會產生深知對方的錯覺，實際上程度則遠遠不及。

在伴侶觀點偏離自己觀點時，要如何培養出這種洞察和尊重？又要如何在打字訊息中加強？邱吉爾曾經描述英國和美國是同個語言所區隔的兩個國家，情侶關係也如出一轍。我們來看看如何弭平雙方之間的落差？能運用的建設性技巧至少有四種。

促進尊重的四個要素

高特曼深入探討他所稱的「末日四騎士」：輕蔑、批評、防衛和築牆。這些對話中出現的情況對情侶而言就是死亡之吻，會滲入

感情中將其毀壞。下一章會更仔細談這些產生破壞力的傾向。在檢視要避開的問題前，先來講講能促進尊重的四個要素。

第一個是要有好奇心。我們越認識一個人，在使人想不斷了解對方一切的熱情火花退卻後，更可能會認定自己對他已瞭若指掌，因此需要保持好奇心來推翻這些預設想法。傳訊息時要提問，要去注意訊息是否透露出特別的情緒化語調或是疏遠感。把手機螢幕想成感情關係的心情戒指，而訊息就是顏色。情緒過冷或過熱時，要保持好奇心。問問自己：「理性的人為什麼會這樣說話？」而不是「他幹麼這麼小題大作？」不僅要注意伴侶說出的內容，還有言外之意，盡可能不帶批判眼光來吸收。

> 夏洛特：我剛寄了 Email 給你。我整天一直在想我們的對話。

> 雷克西：我看了。你說：「現在一切感覺都很嚴酷、很難預測，我覺得要克服恐懼去愛很有壓力。」

> 雷克西：去愛有什麼問題嗎？

> 夏洛特：嗯，不是。只是我心中有股恐懼，揮之不去。我假裝自己沒事，但一直要你給我承諾和保證。我一直都在假裝勇敢。

> 雷克西：是我給妳壓力嗎？

夏洛特：不是，是我想要控制無法控制的事情才會這樣。

夏洛特：覺得自己是怪物，某種恐怖的纏人女妖。

雷克西：哈～這我喜歡！

雷克西沒有給予安心保證（或許給不了），但他問問題，給夏洛特空間表達感受。夏洛特承認自己陷入戀愛時會產生的情緒漩渦裡。

第二個是要有耐心。願意在回覆之前先等一兩秒。如果沒多加注意，打字時就容易有情緒湧上來。注意到情緒變得激動或是腎上腺素激增時，先平息和緩和後再回訊。基本上，生氣的時候最好不要傳訊息。

以下對話中，凱特層層發出抗議和指控。她覺得卡羅斯對感情的投入程度不如期望，而對她不公平。卡羅斯試著設下界線，凱特的態度也稍微軟化。

凱特：我不敢相信你這幾天會這樣搞，這樣真的非常傷人。沒想到你這麼不尊重我。告訴我你到底在幹什麼！

卡羅斯：不要這樣！妳為什麼要把事情搞得這麼難看，逼我用很渣的態度回妳。我很努力要圓融

一點，但這樣實在太可笑了

（經過一段時間）

> 凱特：很抱歉說難聽話，我太激動了，正在冷靜下來，
> 我希望你知道，你對我來說有多重要，但這樣子
> 很傷人，你不斷打擊我，我承受不了。我失控
> 了，很抱歉我沒辦法更堅強。這樣很不公平。我
> 又沒有做錯事。我不清楚到底為什麼，狀況越來
> 越糟。我很討厭我們走到這個地步，是你的選擇
> 讓我們變成這樣♥☺我不傳了，對不起

花一些時間反思後，凱特回到對話中，透露出自己脆弱和氣餒的感受，而不只是責罵對方而已。

第三個是理解。如果你發現自己搞不清楚訊息內容，就像是從中途開始追劇那樣，那就試試重新整理伴侶的思路。我們的大腦很會講故事。在寫訊息前，先試試對方自己在想的故事你能不能懂。讓他有機會表達想法。引導對方說故事的技巧如同先前所見：鏡射、迴向對方，讓他們多說點。**簡單的換句話說技巧（用自己的話重複對方觀點）是減緩緊張氛圍的實測好用做法**。就算是在意見失和時，被人傾聽對於感到受尊重很有助益。

琳在生悶氣而態度冷淡，接著與麥爾坎有了以下的對話。麥爾

坎不完全了解為什麼琳不高興，但他從她的脆弱面下手，盡可能不只去理解，也去解讀她不高興的原因。麥爾坎和琳說著獨特的方言（或是雙方共享的語言），但麥爾坎表示琳要接受自己的負面感受，而不是在他人指出時被激怒。

> 琳：嘉爾達來我這，她會注意到我各種感受，這樣很討厭。但她幫我煮的晚餐很棒。
>
> 麥爾坎：不要怪罪說實話的人。
>
> 琳：一定會怪的呀，但我也認同對方呀。
>
> 麥爾坎：哎唷，心思都寫在臉上的人找到新讀者了。
>
> 琳：什麼意思？
>
> 麥爾坎：意思是你不喜歡被別人看穿自己的感受。
>
> 琳：噢，是沒錯。但你知道我愛你吧？
>
> 麥爾坎：這又不是祕密。
>
> 琳：確認一下嘛。心思全寫在臉上。

　　第四個是接納。接納伴侶的觀點不表示你要贊同。你可以跟自己的觀點相比較，而不要把對方的觀點評為「錯的」，而是說出：「我看法不同。」如果你們沒辦法達成共識，就練習包容。就打字而言，可以不要打斷對方或是講出不當推論，即一竿子打翻對方所

說的話。運用幽默感是個好策略（尤其是第四章所說的那種「增進交情式幽默」）。

法蒂瑪告訴傑瑞德她隔天不能見面，但還沒聽到他的回應：

> 法蒂瑪：我跟你說過今晚課取消了吧？
>
> > 傑瑞德：昨天下午 5 點 36 分說的。
>
> 法蒂瑪：你有回我嗎？你會來嗎？
>
> > 傑瑞德：我們又不是走這種路線。妳說哪時候可以我就照辦啊。
>
> 法蒂瑪：說清楚我們走什麼路線喔，這位白人？
>
> 法蒂瑪：好吧，到時見。明天也一樣。抱歉，傑瑞德，但就算你嘴賤的時候，我還是愛你。
>
> > 傑瑞德：路線就是我都乖乖配合啊。我隨時都很嘴賤。
>
> 法蒂瑪：好喔，你再拿翹一點就更好了。

傑瑞德配合法蒂瑪的要求，不過態度有點以退為進。她可能不在意這點，還當作是種情趣。法蒂瑪愛指使人，傑瑞德嘴巴不饒人，兩個人也沒打起來，而是找出兩人的應對之道。

☞ 長久愛情的基石三：慷慨

我們目前已經仔細探討了長久愛情三基石中的其中兩個：同理心和尊重。科學研究顯示，第三個基石「慷慨」，是人天生就擅長的。慷慨表現會如同性愛和食物一樣，觸發多巴胺和催產素。慷慨和愛情是分不開的。

我們知道慷慨在身心方面都對人有正面效果（當志工連結到長壽）。但我們深陷愛情時，可能對待另一半就少了慷慨。我們很容易自行認定伴侶的行為或言語，透過自己的偏見濾鏡來看。主動展現寬容和慷慨很有機會促進和睦相處，所以可以多注意這點對於網路聊天的影響力。

預設對方意圖良善（正面解讀伴侶的言行舉止）是順遂感情的重要基礎。實踐這種慷慨的愛時，通常是不要覺得被針對，而是去認同另一半可能面對著你所不知道的因素。

> 瓦倫：最近妳把我推得遠遠的。我覺得之前幾次找妳，光是打電話妳就不高興了，或是嫌我傳訊息害妳工作分心。我眼中的妳承受太多事情了，沒有主動決定要放掉一部分。
>
> 喬安娜：你不知道我有多焦慮。我們今晚能不能好好冷靜用電話談？
>
> 瓦倫：當然好哇，我很想跟妳講話，也想要抱抱妳。

瓦倫對喬安娜抱持最好的猜想。他的解讀方式稍嫌天真，但他是以慷慨和善良為出發點。

　　性事專欄作家丹・薩維奇（Dan Savage）[127]發明一個詞叫作三G，用來提倡性伴侶要對彼此採取的態度。如同薩維奇所說：「床技好（good in bed）、根據伴侶意願提供情趣（giving）以及在合理範圍下勇於嘗試（game for anything）。」其中的例子包含在沒心情的時候也能做點床事、願意試試伴侶感興趣的事物，以及對他的性幻想抱持開放態度。時間久了，說不定你也養成了對方的癖好。畢竟，人常常要靠另一半來滿足自己的性需求。

　　還真的有科學原理能佐證薩維奇的建議。一份針對愛情長跑情侶的研究發現[128]，參與研究初期更有意願達成伴侶性需求的受試者，在研究尾聲對於感情更加滿意和投入。此外，三G得分高的人更可能長時間維持欲望。點頭答應是有好處的。

　　不過，三G不僅限於雙方的戀愛關係，也可以用來談性的語言，對此我們也要慷慨點。分享性幻想很微妙。其中一方丟球，看看對方會不會接下來。萊諾如下思考了這個主題：

> 萊諾：我之前跟前女友狀況很失控。
>
> 雪莉：怎麼說？
>
> 萊諾：一開始我很輕鬆也很期待（像是跟她聊 3P）。結果再提到一次，她說她會吃醋。她決定如果我繼續跟其他人約的話，她就不跟我交往。

雪莉：一開始都會很令人期待，然後突然就沒辦法控制了。攤牌讓你困擾還是鬆一口氣？

萊諾：兩種之間。妳在幹嘛？

雪莉：床上。

萊諾：妳想知道什麼？

雪莉：我想要好好享受跟你在一起的時刻

萊諾：我想要把性方面講清楚

萊諾：如果有什麼勾起我欲望，第一我不要有罪惡感，第二要像是分享新鮮事一樣跟妳講

　　萊諾和雪莉在談三人行和多角關係的主題時，突顯出與伴侶分享性幻想時會有的緊張氣氛。理論上，談其他對象可以很有趣又令人興奮，但實際上既複雜又捉摸不定。有些人真心想要探索交往對象外的關係，有些人則是用這個主題來挑逗對方。許多人表示喜歡聽男女朋友對其他人的幻想，但想到他真的做出這種行動，通常讓人感到不是滋味。沒把這兩個分清楚，勢必會造成傷人的誤會。

☞ 醋勁發作時該如何應對？

> 馬提歐：超過二十年以前去過阿科曼，十年內又去一
> 次*
>
> 馬提歐：啊啊啊啊啊……
>
> > 希薇亞：你要傳給誰？
> >
> > 希薇亞：你在說啥？
> >
> > 希薇亞：？？
>
> 馬提歐：別擔心，是傳給朋友啦，在講我跟他去墨西
> 哥的事。

　　懷疑或是發現男女朋友出軌，又或是擔心自己的地位被取代時，就會醋勁大發。本質上，是察覺兩人之間曾經有過情感連結，但另一半已經與自己疏遠了。吃醋不同於其他發現不忠的反應，像憤怒和悲傷，而是占有慾的表現。因此，嫉妒與熱烈的愛情之間有很大的重疊，兩者都是情感交雜而極為脆弱。愛情是想要對方完美，嫉妒是想要占有對方。如同熱情一樣，嫉妒像是成癮，需要越來越大量的刺激來維持。

　　兩種狀態都會因不確定感而越演越烈。愛情確定到手後，熱情

---

* 原文為西班牙文，提到的城鎮為 Acolman。

必然會消退。如同小說家弗朗索瓦・德・拉羅什福柯（François de La Rochefoucauld）所說：「嫉妒的源頭是懷疑[129]，懷疑變得肯定後，嫉妒就會散落或是消失不見。」

如果發現自己醋勁大發，問問自己為什麼要滋長這種情緒，這樣想有什麼好處，還有免除那種想法後會發生什麼事。

> 艾咪：很高興你這麼會描述
>
> > 加文：這個我很驕傲喔
> >
> > 加文：先慢慢開始，逐漸增加字數
>
> 艾咪：沒想到你這麼不藏私。不過我們都知道不只這樣吧。
>
> > 加文：有些祕密材料和配方不會明講，只能意會啦。
>
> 艾咪：是種演算法，對吧？
>
> > 加文：我比較像是珠算算盤，越多越好
>
> 艾咪：有複數個？
>
> > 加文：不只一個
>
> 艾咪：我懂，我常常開玩笑說要擁有的單車數量是N加1個。N是目前有的數量。
>
> > 加文：我對N加1的可能性抱持開放態度

艾咪：你的珠算能力（雖然我還沒見證到）能幫助我們
　　　算數。

加文：哈。那不就是要很多個算盤嗎？

艾咪：很多個就交給你這個專業的來。祝好夢。

　　雖然艾咪可能有吃醋的感覺，但她沒有在訊息中顯露出來，而加文表示他想要發展多角關係。她不排除未來能理解他所暗示的事情，不直接結束對話，比較容易保持跟他的交流管道暢通。

　　1970年代，克里斯塔（Kerista）社區的多角戀族群發明「多元愛」（compersion）一詞。這個社區位在舊金山的海特—艾許伯里（Haight-Ashbury），擁抱嬉皮的反文化和性解放，他們把多元愛定義為嫉妒的相反，表示因為另一半與其他人發生性關係，自己會感到特殊的快慰。從此之後這個字就流行於多角戀族群中。

　　雖然美國國人僅有5%[130]的人是多角戀，但嘗試過雙方同意的非單一關係（CNM）者則高達20%。2016年一份研究發現[131]，只有半數的千禧世代族群想要完整的單一伴侶關係。不難想見，人一生當中會有某段時期較不執著於單一關係，尤其是年輕的時候。

克萊麗莎：我問你喔，我知道你喜歡女生，但你是傾
　　　　　向單一伴侶，還是非單一？

亨利：誰管他什麼單不單一。我這年紀，能有一個伴

就很好了。

亨利：聽起來不知像不像在耍冷，說不定半個也行？😊

克萊麗莎：好奇問問嘛。我的話嘛，自己就算上一個
半了。

　　不過就算是對單一關係較沒興趣的人，比起伴侶打外食，多數
比較喜歡「自己」有多個對象。CNM 的人常常會出現爭風吃醋的
現象，必須要處理好這件事。不過說來也有趣，CNM 族群的人吃
醋的情況，也不會比單一對象者明顯[132]。另一方面，多重者（採
行 CNM 而有長久恩愛關係的人）表示會吃醋的情況比較少，還會
為伴侶感到高興或是心生「多元愛」。有些人會把嫉妒當作是歷練
機會，讓自己更懂得如何跟正宮增進親密感。

　　CNM 普遍程度的統計資料[133]已經太舊，但就算是舊研究，仍發
現至少四分之一的異性戀男女說好能有開放式關係，不過只有少數
人實際採取行動。同性戀族群的比例較高，男同性戀比例有73％，
且多數會實際行動。值得注意的是，多項研究顯示，即使專一性有
差別，但同性戀和異性戀之間的感情投入程度和滿意度相當。

　　出軌的比例則更高[134]：去年25％男性和15％女性表示有過婚
外情，而70％的美國人表示在婚姻期間至少出軌過一次。不過，
已婚夫妻被問到配偶會不會有婚外關係[135]，統計得到的數字相當
低（還不到8％）。實際忠貞程度不如一般人的預想，且認為不會離
婚的群眾中，不少人後來還是離了。

我在精神科診療間見證到，外遇受到的批判不小，通常會讓一段關係破裂，不過被背叛的那方通常沒有問問自己這些艱難的問題：「我想要從伴侶身上得到什麼？」「如果我的伴侶跟別人發生關係，他對我的愛會比較少嗎？」「如果他對第三者有感情，有什麼差別？」「跟某個人交往，我就擁有他了嗎？哪一種擁有？」

這些思想實驗帶來的恐懼和困難來自於匱乏心態，以及想要避免失去。我能得到的另一半不夠多（或說他的愛不夠多），所以我要極力避免失去。因此，許多人會故步自封，或至少封鎖心態，直到某刻突然被迫打開為止。

雖然多重伴侶不太可能成為主流，但單一伴侶關係中的吃醋情況，對多數人來說都是家常便飯。有時候我們要退後一步，多注意看自己的另一半，看出對方的真正模樣，並考慮他們的獨特需求和欲望。

或許，要在一段關係中尋求平靜、愛及理解，就要自己創造出平衡的人生──珍視親密的戀愛，但也不要把某個人當作是重心，即使戀愛之初很容易變成那樣。我們要多強調自己想要維持的關係，並在過程中端出最佳的同理心、尊重和慷慨表現。

若說本書第一部是用訊息內容問問自己想要找怎樣的對象，第二部則是用訊息問問自己正處於什麼樣的關係當中，或是更深入了解自己想要的關係。在第三部，我們會用稍微不同的方式，在對話中找出真相。回顧舊訊息，我們可以多了解自己在衝突管理的風格，來顯示出關係中哪個地方受到侵蝕，否則就錯過了唾手可得的重要啟示。如同湯姆・史塔佩（Tom Stoppard）在

戲劇作品《羅森克蘭茨和吉爾登斯特恩已死》(*Rosencrantz and Guilderntern Are Dead*)中所說:「人走到橋頭就過橋[136]，並且把它燒掉，沒剩下什麼表示自己的進展，除了回憶中的菸味，以及曾經濕溽的眼眶。」

第 **3** 部

穩交階段

在網路上找到真愛

別當個感情殺手
從開嘲諷到緊迫盯人，都在逼人已讀不回

安妮：不知道你傳的影片是不是兒童不宜

羅斯：很讚啊，超性感。

安妮：是什麼？

羅斯：等等～妳看都沒看就丟一邊喔？！

安妮：怕在小孩子面前打開啊

羅斯：欸，一開始妳就不該把我傳的訊息給別人看，
就這樣。訊息是私下的溝通，給別人看就是侵
犯隱私。

安妮：去你的，我跟小孩在外面，我打開的話他們一
定會聽見啊。那你就不要傳訊息來，因為我會
給大家看

羅斯：好啊，就都不要再傳啊！

安妮和羅斯之間的對話爆發出滿滿憤恨和惡意，他們倆立刻就把對方想成最糟的樣子，用了像是「丟一邊」和「侵犯」這種激烈的言詞，甚至還有更糟的話。雖然表面上看來是保護孩童不要接觸不適宜的訊息內容，但使用的語言顯示出，這兩個大人才是還沒長大。

👉 從對話找出關係變質的四大跡象

連連發出指控和冒犯用語是典型的溝通陷阱，我們在本章會進行探討。這種行為模式常常要等當下的火爆情緒消退後，回過頭來看的時候才會察覺。滑回舊訊息來看，我們可以學到怎麼找出確切可見的開端，並開始不再後知後覺，即時就注意到蛛絲馬跡。

打字訊息除了即時交流的主要功能，還能記錄一段感情中發生的故事，等同於感情健康的病歷表。埋下病灶的種子，也就是預兆可能就藏在其中。遇到轉移型的癌末情況，可以回到先前的 X 光照片來看見腫瘤的影子，只是當時不夠明顯，對吧？有時候行為模式只在事後回顧才會出現。

傳訊吵架是打字對話和面對面爭執自然衍生出來的。多數感情專家建議不要把爭論帶到二次元的螢幕空間吵，但打字吵架也是難免的。如我們所見，這還比現實中的爭執多一些好處。不同於即時的紛爭，每個對話框都會保留下來而可在螢幕上看見，並不會「左耳進，右耳出」。

重讀、重新分析，甚至把截圖給可信任的顧問看看再回應，都有

助於把自己的最好一面而非最壞一面表現出來。身為精神科醫師，我是幫忙看截圖的人，但我自己也有請可信任的人給過感情建議。

上一章中，我們討論過尊重的四個要素，能用來對抗高特曼在著作《信任，決定幸福的深度》（*What Makes Love Last?*）所說的「末日四騎士」。這幾個騎士分別是輕蔑、批評、防衛和築牆——顯露出感情前途慘淡的跡象。如果我們能遠離這些傾向（有些我們自然而然就會表現出來），等於是幫自己和伴侶一個大忙。那麼我們就來詳細看看這幾種溝通習慣，看這幾項在打字訊息中是什麼情況。

輕蔑是特別不好的預兆。輕蔑很接近鄙夷，表示認為伴侶不如自己或是配不上自己。表現形態有顯性和隱性兩種。顯性的例子很好看出來，會讓大家直搖頭。

> 史考特：我要在妳變得跟妳媽一樣健忘到爆前，結束
>   這段關係
>
>   米莉安：我已經盡力了，現在事情真的很多
>
> 史考特：這一定是妳家遺傳的基因缺陷，腦袋遲鈍，
>   妳這人根本有問題。

察覺到這種顯性輕蔑時，通常要補救也為時已晚了。

相反地，隱性輕蔑看似輕鬆或好笑，但萬一沒能透過正面肯定來抵銷或是蓋過，長時間下來也會消磨感情。換個方式來講：每出

現一個負面評價，就要有五個正面評價。隱性輕蔑會慢慢侵入並留下痕跡，埋下種子導致後期出現更外顯的輕蔑。以下這種互動如果沒有以更多肯定加以平衡，就會開始造成傷害：

> 艾拉：回你「嘖嘖」，是不是比回lol（笑死）還好啊？
>
> 山姆：lol 以前是服務生用語，在講小老太婆*，孤單吃飯，不給小費那種。
>
> 艾拉：喂，我以後可能就變那樣耶。
>
> 山姆：不會啦，妳會給小費。
>
> 艾拉：感謝你對我有信心齁
>
> 山姆：還是說，妳以後會變服務生？

挪揄和隱性輕蔑之間的界線確實相當模糊。如同我們在第四章所討論的，攻擊型幽默罔顧他人，且可能充滿惡意。山姆可能只是想要搞笑吐槽一下，不過，傷人的挪揄也會帶來負面結果。

隱性輕蔑可能是一點一滴的刺傷──所謂的千刀萬剮而死。另外也可能會把伴侶私密的資訊拿來對付他。下例中克里遊走在邊緣，用凱爾曾袒露過往在感情上犯錯的事情來指正他。

---

* 以「little old lady」三個單字的開頭字母簡稱為「lol」。

> 凱爾：我只是想要實話實說，看來我們現在看重的事
> 情不同，我不希望自己覺得不自在，或是讓妳
> 不自在……

> > 克里：你就想要不勞而獲來坐收成果嘛？那怎麼可
> > 以？你從前幾段感情學到的教訓，不就明擺在
> > 那嗎？有高期望前，先花點心思才會有用吧！

克里並沒有考量凱爾提出的論點（兩人看重的東西不同），而是一下子就提到凱爾之前戀情失敗，也就是他因為信任才讓她知道的往事。這麼一來，克里就是想表示凱爾在過去和現在，都是有過錯的那一方。

批評的意涵不用多加解釋。雖然嚴重程度不如輕蔑，但也會造成傷害，就像是用千次糾正置人於死地。莎兒期望拉維某時能去她住處走走，但還沒講定確切時間。

> 莎兒：你什麼時候出發？

> > 拉維：等會打給妳。

> 莎兒：為什麼要等？你故意躲我，每次都不把自己的
> 計畫交代清楚

> > 拉維：拜託，我在跟朋友吃早餐，晚一點再打，沒在
> > 躲妳啦

> 莎兒：好吧

　　拉維可能沒交代清楚心中的計畫，而且看來不是第一次讓莎兒煩悶，但「故意躲」和「每次都不」的批評可能言重了。她可以設好界線，像是對他說：「好，麻煩在早上十點前讓我知道。」

　　批評和嘮叨的差異也很細微。以批評來說，關注焦點在於自己不想要的事情上，而嘮叨的焦點在於自己想要對方做好的事情。每對情侶難免會出現嘮叨的互動，其中一人不停叫另一人做某件事，而那人忽視不做。嘮叨最後會落入惡性循環，讓遭受批評或是被嘮叨的那方開始逃避。

　　認為自己會因為讓另一半失望而受批評或怪罪，會使人開始逃避而開始**築牆**。築牆[137]指的是把人說的話當耳邊風，用肢體語言或可見的各種行動表達疏遠。打字時，實際表現可能是已讀不回或是轉換主題。被忽視的人通常會越來越氣餒，築牆的人經常反倒很淡定。

> 安柏：史恩・康納萊 RIP*

（沉默。）

> 安柏：手機找你你不在。要一起吃晚餐嗎？

---

* Sean Connery（1930~2020），蘇格蘭演員，曾出演〇〇七龐德電影。

> 麥可：情感疏遠和致命的誘惑那幾招，我都是跟他學
>
> 　　　來的。RIP

安柏：那丹尼爾‧克雷格*是跟你學的？

> 麥可：我們代代傳承意志啊

　　麥可延伸了安柏簡單的一句 RIP，開始講康納萊的作風。她確知他在疏遠自己，但還是搞不清楚晚餐有沒有約成。搞不好麥可也沒想好要不要答應吃晚餐，又或是他覺得不好意思拒絕，所以避而不答。

　　潔絲敏沒有忽略提問，但在羅曼逼問她時用了築牆的招數：

羅曼：近況更新，我今晚到周一早上都有空

> 潔絲敏：好，我覺得可能不行，但可以喬看看。

羅曼：有心就做得到。不要拿忙碌當擋箭牌，妳每次
　　　都這樣逃避

> 潔絲敏：不是，今晚我有事情，這周之後再談

羅曼：妳有什麼事情沒跟我說？

> 潔絲敏：我現在沒辦法談

---

* Daniel Craig，新一代的龐德演員。

遇到潔絲敏逃避的態度，羅曼又更緊迫盯人，表示她有事在隱瞞。這種情況下問問題很難得到答覆。

防衛，顧名思義就是在爭論中提防對方。根據高特曼所說，防衛的型態包含「理直氣壯、反擊或是裝無辜」。

> 洛瑞：你有沒有拿我放在床邊的 iPhone 充電線？
>
> 理查：我沒拿妳的充電線，也不用蹭妳的地方住
>
> 洛瑞：喔……奇怪充電線不知去哪
>
> 理查：誰知道，醒來聽到妳說我偷妳充電線讓我很不爽。希望妳找得到。

理查明顯感覺需要提升戒備。或許他想撇清之前在這段（或過去）感情中受到的攻擊，所以回應這種大家覺得沒什麼的問題，一下子就開始防衛起來。可能在他耳裡這提問很刺耳，所以誇大其辭而講出「偷」和「蹭」這種說法。他這樣是透過拐彎抹腳的方式，要洛瑞不要找他碴。

👉 導致關係惡化的互動習慣

目前我們對溝通的思考模式屬於「個人」的表現，但有些有害的溝通模式是「雙方」共同造成的——成為一種互動習慣的悲慘雙

人舞。心理學家蘇珊・強森（Sue Johnson）[138]開發出一種心理治療的方法叫作情緒取向治療，她在著作《抱緊我》（*Hold Me Tight*）中把這些舞姿稱為「魔鬼對話」，也就是簡單的爭論把情侶捲入相互施暴的災難當中，呼應沙特所說的名言「他人即地獄」。

其中一種悲慘雙人舞，是雙方都層層堆加指控，逼得兩人只得先開口為強。這些情境中通常有人會扮演受害者角色。

安那托爾一下就（愚蠢地）縮回去改變心意，於是和蘇菲之間的關係變得火爆：

蘇菲：嗨，尼今天過得怎樣？

安那托爾：很好，有完成事情，啊尼咧？

蘇菲：這兩天都在打硬仗，但周末終於搞定了

安那托爾：好耶，所以尼可以落得清閒啦

安那托爾：要去哪慶祝啊？

蘇菲：尼帶我去約會呀

安那托爾：明晚？

蘇菲：行

安那托爾：好

安那托爾：可能吧

安那托爾：不確定我有沒有事

安那托爾：沒想到妳會說好

蘇菲：那尼幹嘛要問明晚？

蘇菲：尼怎覺得我會說不要？

安那托爾：哇哈哈是周六晚上耶，我肯定有事的啊

蘇菲：蛤？那你問明晚是在？

安那托爾：老實說，我覺得妳會說不行，所以開開玩笑嘛

安那托爾：下周啦

蘇菲：先不用，我受夠你在那邊亂講話了

　　蘇菲在安那托爾出爾反爾後設下適當的界線。然而傑佛瑞對克莉絲塔話不說清楚，跟她說想跟哥們過周末，她就對他全力開砲了：

傑佛瑞：不要搞得像是我很渣欸。

克莉絲塔：不好意思喔，你本來就是大渣男。希望你和那些狐群狗黨搞上女服務生時能玩爽爽，他們根本把你當屁，也不鳥你過得好不好。真謝謝你把我丟一邊，就可以在他們面前逞英雄。你根本太超過，我才告訴你我有多愛你，想跟

> 你在一起，你沒幾分鐘後就打算要出去浪？不
> 敢相信，你完全沒把我放在眼裡嘛。

> 克莉絲塔：搞什麼鬼東西。你是不是乾脆把交友自介
> 　　　　　弄一弄好了？太扯！真的是原形畢露，想要恢
> 　　　　　單去搞一推女生啊，我的天，你還真是個爛
> 　　　　　貨，不敢相信你敢這樣玩我。

> 克莉絲塔：周末愉快啊

> 克莉絲塔：應該說這輩子愉快

> 克莉絲塔：隨你啦白痴

　　這種情況中，我們可能心知自己在感情中扮演的角色，只是沒說破。其中一方可能愛黏人，另一方獨立。或是一人會表達，另一人死板。某些時刻中，這些角色和對立情況已經根深柢固，最後變成為吵而吵，而不是對遇到的事情本身爭吵。

　　哈珀和蘭登陷入一段激情和起伏不定的感情漩渦中。她想要同居定下來，而他承認還沒做好準備。這段對話講一講後，哈珀覺得很失望，因為蘭登又一次不想要談同居的事情，或是她對於承諾的「需求」。看看他們不是因為觀點不同而吵，而是開始為吵而吵：

> 蘭登：我們每次一定都要吵這個嗎？並不是女生就需
> 　　　要承諾，而是妳單純想要承諾而已吧。

哈珀：想要的事會變來變去，事實證明需求是沒得商
　　　量的。

蘭登：事實證明？研究顯示，人類物種就是在協商需
　　　求中演化的

哈珀：是要協商什麼？

蘭登：像是，需求沒得商量的這種說法。

哈珀：講重點，你覺得要協商什麼？

蘭登：愛最重要，這點沒得商量，其他都能協商。

哈珀：我是這樣看的啦……

蘭登：用刪節號看喔？

　　蘭登在哈珀表達出需求時，講起道理用哲學方式定義哪些事情
可以協商、哪些不能協商。這兩人各自用自己的形式來建立心理
交流，同時也在砲轟對方。蘭登把哈珀的「需求」說成是「想要的
事」，挑戰她對於「事實證明」的鬆散定義，並嘲笑她話說到一半。
哈珀把蘭登描述成壞人，說他沒有滿足她的需求。到頭來，他們已
經不是在吵同居的事情，而是為吵架而吵架。兩人都沒有想要理解
對方觀點的核心。

　　另一種悲慘雙人舞，是情侶表現出一追一逃的模式，其中一方
主動以要求或批評追趕對方，而另一方不斷後退。想想看車上的雨
刷：其中一支靠近，另一支就退縮，反之亦然。艾斯米和凱文就淪

陷在這支舞中。

> 艾斯米：我真的需要講電話。如果你覺得我不重要，
> 而你現在就是給我這種感覺，那我沒辦法這樣
> 下去。

> 凱文：我不想談。但我懂妳的焦慮

艾斯米：你明明就不懂。

艾斯米：既然不能打電話，好歹也傳訊息吧。你現在
的做法就是個渣，真的很不公平！

> 凱文：我說過想要空間，我要關機了。

沒有人想遭受批評，但凱文逃避的態度跟其他任何批評一樣具
有傷害性。如果告訴艾斯米他暫時要遠離一段時間，之後就會回
來，而不是直接不理她會更好。

不過，悲慘雙人舞還有一種不是追趕和逃避的型態，而是雙方都
在逃避。拳擊賽僵持不下，造成雙方選手都筋疲力盡。動作看起來像
是在擁抱，但只是避免被打的權宜之計。最終，兩人會被分開，各自
到擂台角落休息。這個第三種最淒慘而僵持的舞姿，是因為與對方往
來就會帶來太大的傷害，因此雙方都只能默默退居一旁。

此例中，哈珀在受到蘭登批評用情不足時，繼續提出協商：

哈珀：你到底想要怎樣，不要折磨死我。

蘭登：我想要享受人生、得到智慧，不是什麼浮誇的東西。我對妳的愛，妳想都想不到。

哈珀：那你願意協商什麼？

蘭登：除了愛之外的一切。我還要拿出尊重，這點說難聽點，妳並不在行。

哈珀：現在開始侮辱我了。我哪裡不尊重你？

蘭登：少了尊重就是不尊重啊，妳就是那樣。

哈珀：現在很明顯我們對愛的定義不同啊，我真的很傷心。

蘭登：又不是我傷妳的心！我心全在妳身上啊！

哈珀：話不是這麼說的。

蘭登：我們明明對彼此瘋狂！感覺無趣的時候應該要用比較務實的方法。

哈珀：我們每次意見不合，你就開始攻擊我。我覺得被打臉和噤言了。

蘭登：這種個性不行，遇到還不快逃啊

可以看到哈珀當起受害人來指控加害人。蘭登用愛的宣言來向她掛保證，但她無法接受，一方面因為他用「我們對彼此瘋狂」來擋掉她的擔憂。她指責他攻擊人時，他開始防衛，把遭受到的指責擴大成叫她快甩掉自己。他們兩人所缺乏的，是無法好好傾聽對方想要什麼。

要注意在這些舞步中，情侶感受到依附關係災難。這支舞就是回應那難受的心情。要辨識出問題在於雙人舞步本身，而不只是對方所扮演的角色而已。如此一來，雙方才能注意到兩人各自感受到的不愉快，並開始修復這段負面的交流關係。

這些衝突的行為模式可以透過雙人治療來處理，但我察覺只要滑一滑舊訊息，把手邊可取得的解析運用得當，兩人就能看清楚舞步。脫離激烈爭執的情境，可以有效看到自己行為模式所反映出的狀態，讓人獲益良多。我的病患這麼做之後感到很驚訝，察覺狀況不在於對方不好溝通，而是自己在其中推波助瀾。

👉 修復曾經受過傷的關係

發現自己出現這些損害關係的行為模式後，有哪些技巧可以用來處理？答案要回歸到理解我們對自己訴說的故事。當你在描述關於戀情或是另一半的故事時，挑戰自己看清故事的本質——這只是「其中一種」說法，不見得是「唯一」的一種。故事不同於事實，而且最好也要能分別已知事實和意見或假設。我們的觀點在哪受到扭曲？從故事中找出有害的字詞（批評或是輕蔑的範例）或是有害

的敘述（受害者和加害者的範例），探索能否換個方式來講述故事。

　　伊芙琳在知道卡爾跟另一個女生太過於卿卿我我而感到受傷。
她一開始氣勢洶洶地指責：

> 伊芙琳：說到底，你根本不專情。你只是選當下最有
> 利自己的事情來說和做，或者就是要擺脫麻
> 煩，但其實你只顧自己的形象，一點也不關心
> 其他人好不好，或是會有什麼感覺，更別說真
> 相是什麼了。

> 卡爾：我接受。

> 卡爾：軟弱、不踏實又容易變卦

> 卡爾：希望我們可以好好講開。

> 伊芙琳：你只對不熟的人好。可以買花給陌生人，但
> 就不給心愛的人禮物。

> 卡爾：仇視、防備心強、不友善、優柔寡斷、難捉摸

> 伊芙琳：還要忠貞，或是在人家需要你的時候出現。

> 卡爾：一定要接電話、買咖啡、買三餐，一定要答應
> 邀約

> 伊芙琳：我笑了

> 卡爾：之前都把妳排在工作之前，影響到工作

> 伊芙琳：我也一樣啊

卡爾：不只是之前，現在也是

卡爾：對，妳把我排第一，或許比我做的多很多。

> 伊芙琳：禮拜天真的讓我很受傷。你親那個女生，買花送她很傷人

> 伊芙琳：為了一點也不值得的事情毀掉一切也很傷人

卡爾：我承認是我毀了一切

卡爾：好好睡一覺，我們明天重新來過。我該睡了。

> 伊芙琳：我對這一切心累到不行。

> 伊芙琳：說點好聽的話吧

卡爾：對不起，親愛的

> 伊芙琳：謝謝，就算想掐爛你脖子的時候，我還是愛你

卡爾：晚安，謝謝妳體諒我

　　卡爾一不小心就可能跟伊芙琳落入魔鬼對話，不管是忽略她的抗議、發無聲卡或是開始自我防備。不過，他卻展現高超的情商，讓她出氣並且也一同參與，用有點滑稽的方式顯現自己的糗態。這讓伊芙琳感覺心聲有被聽見，甚至能自嘲一下。他退一步時，保證

會再回來(「我們明天重新來過」)。卡爾能用精湛技巧繞過絕望舞步,並因伊芙琳的大器而能修復關係。如果他採取防備姿態對她的批評和指責反擊,又或是敷衍她受傷的心情,那麼她會變本加厲,兩人就會陷入一追一躲的陷阱之中難以自拔。

在接下來的互動中,伊芙琳嘗試選擇用比較正面的方式來訴說故事:

伊芙琳:你一定不知道我隨時都快要火山爆發。今年秋天的時候我就努力要忍住,我不想爆發出來,你也不希望,你會覺得被誤解。我大可說你完全沒察覺或是不注意我的感覺,還有利用我來滿足自己,這樣說其實也沒錯。不過,我選擇把你的小心意當作是愛,還有你願意付出的努力當作是盡心,不管怎樣,那些至少是你可以做到的。

卡爾:謝謝。我懂妳的脆弱,還有一直處於爆炸的邊緣。直覺上很容易有戰鬥或逃跑反應,但妳很努力控制,就算妳直接說「要我做這種事,搞屁啊」也很正常。像妳說的,妳在評估情況。我明白妳已經受夠了。

認知行為治療的一項基本做法，是察覺自己的想法以及由這些想法而生的情緒。這包含你如何講述自己的經歷、如何解釋你所見到和聽聞的事情，以及你對自己還有他人的信念。這麼做的目標是要辨識出負面和不準確的想法，並重新將之整理成「新」故事、「新」感受和對於高壓情境的「新」回應。

當然，我們要為自己做這些事，不過為了要修復關係，也需要花時間去理解另一半的描述。對方有什麼想法、描繪出什麼故事而落入現在的衝突？

一般很容易假定重修舊好就是要道歉，道歉確實是有作用的。不過，如果你不擅長表示歉意的話，還可以確保對方有聽進你真正想要表達的意思。搞清楚哪些是你要說的、哪些不是你真正的意思，有助於解開誤會。

> 伊芙琳：謝謝你跟我談。這對我來說不容易，我不像你一樣可以關閉情緒開關。我不知道要怎麼用抗憂鬱劑和酒麻痺自己。我不知道要怎樣不理你或是不去想你。

卡爾：會沒事的。我知道難免有波折。我想妳，期待感情可以復合。

重新敘述故事的一大阻礙是不信任，這會讓人腦袋充滿猜疑，讓人難以看清楚另一半。其中一種解法是把信任細分為幾種議題，

而不是一律都給予信任。或許你信任另一半的意圖，但不信任他能夠確實完成一件要求。建議把信任集中於面對的議題上，而不是一整個人身上。

☞ 維持親密感與獨立性的平衡

情人間親密感的重要核心包含信任、自我揭露和關切。不過承受真正的親密感時，同時也要承受如此抱持開放態度和脆弱一面所產生的激烈情緒。如同在前面的章節所見，維持親密感要有完整的自我感。能接受與人親近是一回事，而在一段關係中能維持自主獨立則是另一回事。兩者都是管控衝突時的關鍵要素。

親密感有好幾種型態。當然包含肌膚之親，但一般來說所涵蓋的範圍不侷限於此。親密感也有知性的一面，也就是能清楚表達及分享想法和觀點的空間。親密感會從共同經歷產生。經歷越強烈，就能建立出越深的親密感。有些親近的形式是在一起共度時光，也有些是超越時間、空間或是有形思想的感受。

大家可能會認定親密感和獨立性是兩個相反的極端。不過，這兩者就像是化學作用和契合度一樣，可以是兩個分開的軸。有可能在過著獨立生活的同時擁有高度的親密感，也可能在依賴對方的情況下有較少親密經歷。

葛雷哥萊和蘿西對於情侶共處和親密感之間的關係意見不同：

葛雷哥萊：欸，這周末是國慶日耶——妳會在嗎？我
　　　　　想我們會一起過……

　　葛莉西：為什麼「獨立」紀念日會有那麼多要跟人相處
　　　　　　的壓力啊？

葛雷哥萊：哈哈

　　葛莉西：我們不能對自己的愛情建構一套規則嗎？

葛雷哥萊：我常聽妳說是「我在主導」。這樣讓我在意
　　　　　起妳這樣忙碌又獨立的個性，真的能讓任何事
　　　　　情發展起來嗎？

　　想要修復關係時，有些人會想要增進彼此的親密感，有些人則
要透過獨立來幫自己充充電。這可能會引發衝突。感情中的雙方
必須要搞清楚自己的需求，並同時注意對方的需求。這是個微妙的
互動。成功達成的話，就像是一對天鵝優雅地滑過水面，而失敗的
話，會像是兩隻豬在扭打。

👉 拿捏時機的重要性

普莉亞：我媽的狗昨晚過世了。臨死前她狠狠咬了我
　　　　媽的手，所以她今天要去動手術。

　　阿傑：狗狗壞壞！

阿傑傳給太太的訊息是（ａ）黑色幽默、（ｂ）令人不適、（ｃ）耍無聊、（ｄ）以上皆是？答案大概是「以上皆是」，但我想大家都認同他的回答很糟吧（不是「壞壞」的那種糟糕，而是真的糟糕）。或許狗狗已經造成家庭負擔一陣子了，而所有晚輩都鼓勵媽媽放手。就算是這樣，阿傑這種發言很輕率，完全無視岳母在身心感受到的痛苦。

有時候評論會太早脫口而出，但經常是來得太慢。時機不代表一切，但還是有差。對話內容沒拿捏好時機時，脾氣和心情延續過久或是太早冒出，就表示該注意了。

阿傑是一如往常在耍冷，還是說他和普莉亞之間真的出了嚴重的狀況？時間會說明一切，但等到那時候是不是就太遲了？

變化是關係中的常態，如同我們在第六章所見，它對於長期健康而言很重要。情緒的距離和速度會隔時間變化，而好奇心、耐性、理解和接納的情況也是。不過，有時候我們需要有個參考用的基準點，用來提醒我們之前的感情狀況如何，也就是說我們需要一張病歷表。

只要打開通訊軟體，就能看到一直到目前的歷史訊息，包含過去幾個月或幾年。最基本的軟體功能就能夠搜尋日期和關鍵字，找出趨勢和看出「先前」的整體氣氛，還有哪時候起了微妙的變化或是板塊大搬移。深入探討不僅能揭示出另一半的態度變化，也能看出自己的變化。

以這個例子來說，阿傑看了病歷表。他把發現結果分享給我：「我一直都不怎麼喜歡普莉亞的媽媽。她情感非常冷漠又是酒鬼，

每次都丟下客人跑去門廊猛吸菸。但我在近期的訊息中發現，我在普莉亞擔心媽媽的事情時都很支持她，就算我不怎麼在意那個女人。我傳的訊息原本是要開玩笑，但自己讀訊息時發現我的感覺不同了，我對普莉亞和她那不美滿的原生家庭感到厭煩，想要離遠一點。」

關係當中最大的過渡期，或是關係底下出現的裂痕，通常只在事後回顧時才會看出來。我們總是要等到被吞沒時才發現裂隙存在。

哈珀和蘭登也正在艱難的過渡期中。在可能會失去心愛寵物，以及各種分分合合中再一次分手之後，不好分辨他們真的想要維繫這段關係，還是只是不想改變習慣而已。

哈珀：嗨，我們能談談阿寶嗎？她狀態不好

蘭登：我同意現在情況很糟糕。一方面是阿寶的事情，另一方面是我們兩星期前分手後的各種不愉快。我希望妳考慮看看，找我一起面對會不會對妳造成太嚴重的情緒影響。

哈珀：我愛你。這一切本來就嚴重影響情緒。我要失去我愛的每個人了

哈珀：沒有什麼可以失去了

哈珀：如果你覺得無法接受，我能理解，我會再想別的辦法

蘭登：我願意在妳需要時幫忙，不過要設好界線。例如，葬禮結束後跟我一起住幾天就不適合。

哈珀：你說得對……影響太嚴重了。你口口聲聲說我是你畢生摯愛，說你愛我，現在卻在我的狗要死掉的時候跟我設下界線……你也沒在尊重我的界線啊

哈珀：這太扯了

哈珀：愛去哪了？

哈珀：你在我的狗要死的時候設界線

哈珀：天啊

哈珀：你現在對我真是無情透頂。我都跟你說了她死後我會狀況很差了。你是我見過最沒良心的人

哈珀：天啊

蘭登：妳這些話已經說一段時間了。所以說，妳知道我在這麼敏感的時間點出現並不好，也知道設界線會好一些。

哈珀：你根本不屌我

哈珀：你說的話和你的「愛」一點意義都沒有。我會一個人埋葬阿寶，也把這些全都埋掉

> 蘭登：沒想到，被妳謾罵和誣衊成這樣，我還是很在
>   乎

> 哈珀：鬼扯

> 哈珀：毫無意義

> 哈珀：只會講空話

> 哈珀：滿口謊言

> 哈珀：再會

> 哈珀：相信你算我蠢

　　在衝突聲中，情緒高漲而信任感消失，可能很難聽出我們傳遞給對方的訊號。我們失去方向感，遍尋不著意義。在關係遇到困難時翻查訊息，可以讓我們釐清狀況和有所根據。

　　以撒・艾西莫夫（Isaac Asimov）說過：「生命喜悅，死亡安詳[139]，艱困的是中間的過渡。」下一章中，我們會繼續看看感情中的過渡時期——在戀愛地圖上標記出的交叉路口。

站在戀愛的交叉路口
這段感情會不會繼續下去？

特麗莎：能幫我看看我為派對買的灰色高跟鞋，還在不在客房櫃子裡嗎？

札克：妳當晚很美，我們在家玩卡牌

特麗莎：對

特麗莎：你工作的時候我可以過去拿嗎？

札克：妳都沒穿過，新新的放在盒子裡，今晚要穿喔？

特麗莎：對

在特麗莎和札克這段不舒服的對話中，特麗莎問能不能在他不在家時過去拿派對鞋子，表示她要自己盛裝打扮，而沒有要跟他一同出席。札克還在怪特麗莎，沒有要答應。她只回一個字，表示她已經死心要放下這段感情了，或許這是頭一次。

如同阿內絲‧尼恩（Anaïs Nin）所說：「愛情不會無疾而終[140]，總是因為我們不懂得如何給予滋養。是因為盲目、犯錯和背叛而死，因為生病和受傷而死，因為消沉、凋零、蒙塵而死，從不會是無疾而終。」就連我們提到的學者也用「魔鬼」和「末日」這種用語來描述衝突加劇和愛情死亡，淒慘程度不言自明。對於為情所苦的人而言，這不只是一段關係的終結，而是世界末日。

我們都經歷過這種情感的交叉路口。許多人事後才察覺這點。往回滑舊訊息能幫助我們注意到感情生病的初期症狀（有必要的話是驗屍解剖）。這麼做也能讓我們看出感情的狀態昇華、愛情加深的時刻。我們可以看出是在什麼時候和什麼情況下進入交叉路口，即新的階段。

隨著感情演進，打字訊息也會跟著進化。訊息從浪漫調情變成俗事的溝通——周末規劃和採購清單。一名資料科學家追蹤了她和先生從第一次約會到婚姻第六年期間的訊息內容變化[141]，發現「欸」、「親愛的」、「很棒」和「開心」的出現頻率減少，而「晚餐」、「現在／立刻」和「可以／好」變得更常見。感情一路走來，訊息無可避免會越來越如此偏向實際，不過帶感情的訊息能增進情侶之間的情誼。

我們要怎麼知道一方會轉身離去和改變方向，或只是在感情的投入程度上進入了新的階段？你正站在一條路的起點還是終點？通常我們都是用直覺來感受，隱隱有種侷促、焦慮、興奮或是恐懼的感覺。這些感覺的掙扎可能在打字中顯現，經過很久之後才進到意識當中，使人採取行動。事實上，等到要分手或是離婚時，感情中

的雙方常常已經醞釀好一段時間，無論其他人或自己本身有沒有注意到。

在我看診的幾年下來，我目睹過一些人在戀愛的駕駛座上沉睡，等醒來時就已經出車禍了。我的病患馬果告訴我，她不知道自己結婚八年的先生想要分開，直到他說要自己出去住。她隔天打電話給我，哭喪著臉、憂心忡忡地緊急安排諮商，希望能找出自己哪裡做錯了。她似乎大感意外。其他病患來找我時，則是知道關係觸礁而痛苦萬分，但因為害怕改變、孤單又或是怕傷到心愛的人，所以不願意攤牌。

過渡很困難，無論是換工作、改變感情狀態、搬家，更不用說你個人的核心身分，像是性別或是性傾向。不過，社會和地理上的流動已經讓「直到永遠」的概念不復存在了，取而代之的是「世事難料」。很少有人一輩子都住在同一個城鎮、做同一份工作，還有跟初戀對象結婚。既然理解到這些過渡的情況是常態，那麼有沒有辦法在感情方面擁抱這些變化？

如同我們所見，我們對於自己感情所描述出的故事或真或假，或半真半假。我們已經討論過要遠離這些敘述來重新評估的重要性。滑滑舊訊息能讓我們利用手邊的原始資料來重新講述故事。無論是對於未來道路猶疑不定，或是在感情告終後進行檢討化驗，都可以從這些故事獲得很多寶貴的心得。

我們談過如何用網路聊天來找出適合的對象，並且辨識出契合及和諧的表現。現在，我們要看打字訊息如何呈現出**戀愛歷程中三個經典的過渡狀況：幻滅**（disillusionment）、**凝聚**（coalescence）和

疏離（detaching）。在每個交叉路口前，感情雙方都有個選擇：被動地在潛意識中進入感情的新階段，或是正視這些轉捩點來慎重做選擇。

👉 幻滅階段：熱戀期過後如何相處

感情雙方從起初的熱戀期轉換到較穩定（刺激度不如前）的兩人世界，時常都會有種幻滅的情況出現，有時候是默默潛入生活，也有時候是大搖大擺現身。不安全感會出現，先前沒注意到或是擺在一旁不管的缺陷也會浮現。欣賞和感激的程度會消減。一開始太過澎湃的愛意開始受到控制，一開始難以抗拒的致命吸引力變成日常的選擇。維持感情變得像是工作——因為說實在的，它的性質本是如此。原本選擇在一起，可能會變成嚮往自由。交叉路口就在前方現身。

如何應對這些艱難之處，往往會決定感情的成敗。要是能沉浸於彼此差異和獨特性、享受偶爾碰到的曲折，就能較輕鬆地通過路口、對自己的選擇有信心，相信走對了路，否則就需要更多導引。

莉莉在婚禮前一天走進我的診療室。她和未婚夫傑米在一起幾年了，但她承認兩人的戀情並不完美。她愛著他，而他也對她付出真心，但她打從一開始就注意到彼此的差異。起初，她認為他那種直來直往、注重邏輯而較缺乏細膩心思的思考模式是正常男生的樣子。雖然他們對話常常熱烈而深入，但她更常注意到自己單方面在聽他自說自話。她想說些什麼時，就會被打斷，然後他又若無其事

地繼續發表言論。她覺得很灰心又焦慮。儘管有這種習慣，他也很努力要讓她開心並且表現出愛意。現在是婚禮前夕，她想要談談如何在即將到來的婚姻中增進理解和加強溝通。

我必須說莉莉很勇敢。許多新娘在忙著籌辦婚禮時，會把對於要跟「什麼人」結婚的焦慮，轉嫁到座位表和花束擺設之上。莉莉不一樣，她不僅心理上承認婚姻會有各種挑戰，也還預備好要去一一應對。她仔細看感情中的裂縫，而且是在婚禮前夕，希望能夠把自然會有的幻滅過程轉換成啟發的過程——探索她和傑米要如何改善未來的溝通，並好好接納對方。

每對情侶都要建立自己的一套語言。這點在打字訊息中最為明顯。情人自然而然會用起彼此的用語，但他們不太會學到對方的標點符號或是笑聲的表示法。當然，笑聲是重要的社交辭令，在打字時亦然。訊息的笑聲表達法可以用來讓陳述變柔和，也能用來表示換成對方的回合，就像是用訊息說：「換你說話了。」

莉莉所學到的事情中，一件是跟傑米對話時要多加點明顯的笑聲，還有在婚姻中要能更大器地去接納準新郎的癖好。她也決定要探索如何用帶著愛意的方式，讓他的獨白能回歸到雙邊對話，包含面對面和在螢幕上的情況。

打字訊息在表示出幻滅的根源之餘，也常常能提供解決辦法的線索。舉例來說，娜歐米覺得自己跟澤維爾相處時都要主動一點。他不願意起頭安排計畫，且在她提議時常找藉口說那樣不實際或太麻煩，講出自己種種敏感的點或是龜毛處。她花了大半生去討好「難取悅」的男性，因此很容易把澤維爾的抗拒態度視為一種挑

戰──她有機會能破除這堵牆。不過，久而久之，他的興致缺缺讓人感到疲憊，不斷勾起她的不安全感，還有讓她質疑自己是不是不夠好。她來找我時，那種心累感已經形成：他那種有魅力的固執個性，成了單純的自私。我和她一起滑舊訊息，來找出初期跡象：

> 娜歐米：好吧，隨你高興。我已經努力在揮棒，但都落空被三振了。一陣子後就覺得無聊了。
>
> > 澤維爾：沒有三振妳啦，妳讓我很起勁，至少也是二壘安打了
>
> 娜歐米：我就喜歡全壘打
>
> > 澤維爾：妳已經擊出全壘打了，是因為觀眾碰球所以規則不一樣
>
> 娜歐米：至少你讓我笑了。希望我的球迷不要一直阻撓比賽！
>
> 娜歐米：你是調得很精準的史特拉第瓦里琴*，一不小心碰一下，聲音就跑掉了。我比較像德國製的鋼琴，可以盡情敲打都沒關係。
>
> > 澤維爾：很難想像要怎樣用力敲貝希斯坦鋼琴耶，但我會努力

---

* 兩個樂器的原文分別是 Stradivarius 和 Bechstein。

娜歐米：你就是這樣愛亂講話☺

　　重新讀這段對話，讓娜歐米知道自己也助長了加重不安全感的氣氛。她要對方說出讓自己安心的話而不成功時，她讓自己容易受到澤維爾的疏離感牽制。一旦她讀了這些舊訊息後，就能夠退後一步，給他機會提出「真心的」保證，讓她感到自在。

　　米卡一開始很受維拉那種迷人、懂社交而自信的個性所吸引。維拉能在派對中擄獲任何人的心。米卡跟她在一起，看著她與人互動融洽，總是很有面子。被剛萌芽的愛情沖昏頭的兩人，幾乎做任何事情都要有彼此在，才開心得起來。交往久後這種傾向消退，維拉對於米卡的情意感到有信心而隨心所欲。但他開始討厭起她那些他從前所欣賞的特質。回顧舊訊息時，他發現這種感觸的早期跡象：

維拉：今早好累，清晨兩點才到家

米卡：妳跑去哪裡待到清晨兩點？

米卡：妳昨晚沒時間陪我卻跑出去，我也是很驚訝。

維拉：對不起。我跟朋友出去，想要待在外頭

米卡：謝謝妳回答喔，正是我想聽的。可惜偏偏我不行，他們就可以。

米卡期望能多多得到維拉的陪伴和關注，因為初識時兩人都很熱情。他吃醋而感到不是滋味。這對維拉來說很難理解，她對他的喜歡一直都很強烈。他選擇心懷怨懟，而不是接納維拉的本性，讓他站到了危險的邊緣（最終還好能挽救）。米卡的例子顯示，**幻滅除了來自於我們對他人錯誤的期望，也會來自於自己無法應對和接納的情況。**

當然，幻滅的前提是先懷抱幻想。只要消除這些未經質疑的假定，就能擁有更多開放和誠實態度，顯現出奠基於欣賞和尊重的堅實基礎，或是察覺到這個基礎還要加強。感情順遂的人，會把幻滅解讀為成長和親密感的加深。

埃里希・佛洛姆（Erich Fromm）把愛描述為「不斷存在的挑戰[142]；愛不是個休息站，而是要不斷移動、成長和一同奮鬥。不論和諧或有衝突，或喜或悲，都不敵基本事實，那就是兩人要以存有本質來體會自我，要與自己合一才能與對方合一，而非逃離自我」。

👉 凝聚階段：在變動中達成平衡

多數感情中，一大過渡是投入和韌性開始凝聚出穩定的獨特聯合體。事實上，穩定的關係應該要描述為「暫時」穩定才準確——因為會受到變化牽動，但內在又有一種均衡狀態。這種模式讓個人自身和環境有可能改變。如此穩定的均衡狀態不是一種結果，而是一個過程——並非把雙方都牢牢固定在地面上，而是在一同前進的

過程中，兩人之間能取得平衡。

感情深化和凝聚時，溝通模式會有什麼改變？男女兩性的打字習慣有一種特殊的差異。洛瑞・沙德（Lori Schade）是楊百翰大學（Brigham Young University）的學者，她旗下主導的一份研究顯示[143]，女性認為傳送訊息的次數與關係穩定程度成正比，而男性則認為是負相關，也就是傳越多訊息表示穩定程度低。沙德的研究主要目標是年輕成人，另外也發現女性比男性更可能會在打字訊息中寫感性的對話。她推測男性會把訊息用於在情感上表示疏離。

感情雙方的語言，會如何反映出穩定程度？有些戀人在進入較穩定的階段時，會採用比較固定的套路，有幾種罐頭式的變化：「對，親愛的」和「愛你」。有些人則會用更熱烈的語言來強化信任和確定感，並消除會被拋棄的恐懼。貝希和阿米爾使用現代特色語言來表現愛意：

> 貝希：親吻你，讓我知道我愛你有多深

> 貝希：其他感情都是假的，但這一段不一樣

阿米爾：我保證會害慘妳。尼是我的癮頭

> 貝希：尼會覺得我很怪，因為你不能理解，但我超級開心的時候會哭出來，不常發生但還是有過，很開心的時候。之前我們親親的時候我就想哭，完全不是因為難過，而是因為我心中充滿了愛，多到解釋不了，我愛你愛到想哭

達西和伊恩則是用更偏向心理學的用語來表示感情：

達西：你對我來說很特別，獨特又無可取代。

> 伊恩：跟妳相處常常是一種「心流」狀態，我很享受
> 這樣。妳體貼又主動的愛讓我很感念。我對妳
> 的感覺是互相的，充滿喜悅、深情和尊重。

蘇米則是用這種方式來表現深情：

蘇米：我知道這一路像雲霄飛車，但只要你握著我的
手一起渡過就沒有問題～你不知為什麼在飛起
來的時候放手，讓我孤單往下衝的時候很不公
平～我想要當你的人生夥伴，有你在的時候我
更開心，你讓我很幸福

動態穩固的感情有另一個特質是韌性。席蒙和克里斯多福在兩
人要長時間分隔兩地時有了以下的對話。他們想要講好對這段遠距
離時期的期望。克里斯多福說，不在同一地時就先暫時分開，覺得
不用對彼此專一。席蒙覺得很難接受，難免有種被拒絕的感受：

克里斯多福：我感受到妳很失望～妳很努力不要往心裡
去，但我知道妳受傷了。我覺得對妳有責任。

> 席蒙：我正在學著放手。之前我一直緊抓不放，但是後來挫敗到不得不放。但我沒有逼自己在依戀和拒絕之間做選擇，我試著找出在一起和分開之間的平衡。我相信我對你的感情（也相信你的），所以我願意讓彼此自由。

> 克里斯多福：我笑了。真希望能把妳打包起來，在橫越沙漠的時候隨時吸幾口。

席蒙和克里斯多福對兩人間的愛情有信心，就算要分開一陣子。他們不同於許多情侶，結果在分開之後又重新連上線。所謂的分開不見得是像他們那樣，但再堅毅的情侶也要面對挑戰。有時候挑戰太難以克服，而情感疏離和分裂勢必會產生。

☛ 疏離階段：在關係無法挽救前察覺

飛行員再老練和厲害，也偶爾會遭遇到「死亡螺旋」的危險下墜。這時候，飛行員看不見地平線，無論是視野、儀器或是疏忽所致。機體傾斜時，飛行員的內耳器官開始適應，製造出平行的錯覺。於是飛行員陷入螺旋而擺脫不了。這就是一種 CFIT，也就是控制機體落地，因為實際上飛行員從頭到尾都控制著墜落，說來相當諷刺。

有些戀人判定要如此結束，忽略共同的夢想和願景，並且故意

使感情墜落地面。也有些人是因意外或缺少遠見才有這種下場。以飛機的譬喻來說，共有兩名飛行員和兩組控制系統，主要由其中一人控制飛行的話，飛機就會傾向一邊。沒有不斷修正的話，最後就會開始陷入螺旋。

有所遲疑的新娘莉莉感受到一股壓力，因為男方不願意或無法視需求好好控制的話，婚姻中這個重擔就會落在她肩上。她盡早求助，免得自己也失去意願。馬果則是結婚已經十八年，接著婚姻突然生變，她仍然堅持原先的道路，頑固地拚命去控制到底，結果發現她先生在撞擊前就先跳機了。對於經歷晴天霹靂的現實，法語叫作「tomber des nues」，義大利語叫作「cadere dale nuvole」，意思是「從雲上掉落下來」。

在飛機開始進入螺旋前，以及你還沒開始墜落之前，有些跡象能讓你做出必要的修正。兩人要一起，不要只靠自己。艾琳在察覺到奎恩開始遠離自己時，想多讓他參與生活。

艾琳：我在做筆電大掃除，挖出一些寶藏。

奎恩：例如？

艾琳：我找到我認識你之前寫的文章，叫作〈我的理想男友〉，有點青澀和理想化，我看了都覺得不好意思，但我在裡面看見你的身影。等我們見面時我再給你看。

奎恩：我覺得妳今晚拿給我看等於走入可怕的陷阱，

> 妳還是等明天吧。

艾琳：聽起來不妙欸

> 奎恩：警告本來聽起來就會不妙吧。

艾琳：那就明天吧。

　　艾琳努力要搶救她和奎恩的關係，但他已經跳過輕蔑和築牆，到了威脅她如果執意做下去就會有某種報應的地步。他不接受和解，主動造成死亡螺旋。一旦開始後，就會把對話中的情份吃乾抹淨，與愛情萌芽時慢慢升溫的情況正好相反，從「哈囉，親愛的我愛你」變成「哈囉，親愛的」，最後只剩「哈囉？」

　　情感疏離不見得都是要避免衝突，有時候還會造成新的障礙，即以新行為干擾愛情。打字的時候，你可能會注意到一種社交氣氛和時間上的疏遠感：少用現在式動詞、省略第一人稱代名詞（明顯可見，這些也是說謊的初期跡象，算是另一種疏離）。

　　以下例子中海蓮娜建議馬森和她一起去下加州（Baja California），這是她想挽救感情的最後手段：

> 海蓮娜：還有一個機位，如果你想跟我一起去的
>
> 話……

> 馬森：Grrrrrr

海蓮娜：Grrrrrr 是什麼意思？

> 馬森：針對下加州和邪魅歌曲的 Grr

> 海蓮娜：還來得及喔，我抱持「一切都有可能」的心
> 態。

> 馬森：所以才有我的Grrrrr啊～可能會很好玩，但時
> 機不對

　　馬森用了情感疏離的語言，沒用到什麼代名詞，也很少用到動詞。他講出「Grrrrr」很可能是對於海蓮娜提出邀約感到煩躁，因為他覺得這時機去旅行不對。海蓮娜不知道當下有沒有正確讀出這個訊號，不過一個月後再來看訊息，這個訊號就很明顯了。

　　身處於死亡螺旋之中，很難知道要怎麼反應。無論是在飛機上還是感情中，遭遇厄運的人會自然而然以反射神經要拉住駕駛輪盤或是桿子。這幾乎是無法改變的反應，就算是飛行時數已經超過數千小時的老鳥也沒轍。面對失控情境時，緊抓不放是很正常的。遺憾的是，拉住控制器只會讓螺旋更嚴重，使狀況更糟。

　　唯一一種用來抵抗這種行為模式的方法，是溝通和對於情境的覺察。在混亂中看出情勢並不容易。米雅傳訊息給對方時，道出自己不知所措的情況：

> 米雅：不管怎樣，我想我還在消化這一切。膝蓋上的
> 瘀青讓我很丟臉，我最近真的喝太多了，我平
> 常不會那樣的。我感覺很不好，除了跟你在一

起的時候，所以我瘋狂想你，覺得自己好像被拋棄了，就像是我多年來擔憂的事情成真了，我不知道，我整個很亂

米雅至少知道自己不知道狀況，她看得出自己混亂失序。克拉克在與莎夏的對話中就沒有這種對情境的覺察：

克拉克：嗨，希望尼這周過得好……除非我誤會了，不然我想我們的關係應該已經結束了？哈，那樣的話，我應該是在尋找一種完結感吧

克拉克：我明顯還是喜歡妳啊哈哈，所以如果我搞錯，尼有想要繼續的話，是我不好啊

莎夏：謝謝，也希望尼過得順利！我有很多事在忙，有很多事情要專注應對。要當朋友我沒問題，但就算那樣我也不常傳訊息，所以不要覺得是針對你，這只是我用手機的習慣

克拉克：嗯好，之後知道了。如果妳直接一點告訴我就好了

歐卓和班進入典型的死亡螺旋。她很用力拉控制桿，而他已經開降落傘跳機了：

歐卓：留在我身邊，不要走，我們不要那樣子☹

班：歐卓，妳知道我們已經走到盡頭了。我們經歷這種情況太多次了。

歐卓：我看著一個月前買來下周穿的可愛裙子，結果永遠穿不到了。這真的很慘。

歐卓：你完全沒有為了我們的感情努力，而是直接切割，無緣無故這樣，我不相信會有這種事情啊，沒理由這樣的

歐卓：我很氣你放棄我們的感情，沒有因為在乎而想辦法繼續，你讓莫名其妙的恐懼毀掉一段特別的感情，你不可以這樣把我們擁有的一切丟掉，這太荒謬了，我好震驚、好失望，你真的很殘忍。

班：我不是殘忍，只是誠實和果斷，因為我必須要做出根本的決定，妳要硬撐到最後不得已才放手也是可以，但我覺得搞成那樣才叫殘忍

班並沒有刻意小心用詞，但感覺得出來他想讓歐卓能好好重整心情。他後來又回：

班：我覺得不安好一段時間了，我也說過好幾次，我們對於表達愛情的方式非常不一樣。我不知道

要怎麼想像這樣過二十甚至五十年。我覺得這讓我要好好正視，不然的話，我永遠也沒辦法用妳需要的方式愛妳，而妳應該要找個能做到的人。我想要支持妳，但這不是「相信感情」或「放棄感情」這麼簡單而已，因為我沒辦法成為那個妳需要的人。

上一章登場的人物蘭登和哈珀在多次分手和嘗試復合後，進入了死亡螺旋。這一段最後的對話，兩個人都處處設防且暈頭轉向，因為工作忙鮮少能共處而導致這情況。他們越來越感到無力。

哈珀：你兩天沒回我訊息或是找我了……我好難過

哈珀：我寧願以為你是沒時間找我，而不是苦等不到你而難過。

蘭登：聽到妳覺得孤單我也不好受，最近生活上的轉變也讓我很低潮。妳說話不實在又讓情況更糟。妳明明這兩天都沒有傳任何訊息給我，而且昨天妳明明在我床上醒來。我是說事實，不是在指責妳什麼。

哈珀：哪有不實在……好幾次我傳訊息給你，你都隔天才回。

哈珀：這不適合打字說

蘭登：我知道妳不好過，但是用矛盾的話來攻擊我也沒用，上面時間標得清清楚楚。

哈珀：昨天你沒回我，今晚十點才回我……對我來說就等於是兩天了

哈珀：如果你因為我們對於兩天的認知不同，覺得我在說謊的話，你就只是想要堅持自己是對的，並沒有同理我的難過

哈珀：我覺得應該停下來，不要傳訊息了

哈珀：這樣下去沒完沒了

蘭登：有事嗎。妳說我兩天沒回妳，但妳又沒傳。這跟認知沒關係吧。

哈珀：看吧，糟透了

哈珀：我討厭打字說這種事

蘭登：對，真不該打字講這個。

蘭登：總之，我們是不是都該去睡覺了？

哈珀：對，晚安。

　　哈珀不斷表示打字很無力，但如同沙德研究所能預測的，她用這個媒介造成了問題。她把受傷的情感變成對於蘭登的抨擊，而他用冰冷的方式回覆。墜落看來是無可避免了。下一次他們再見到面

時，這段感情就告終了。

☛ 蓋棺論定一段感情的終結

某個時刻，一段感情必須要終結。或許感情是安詳升天，或許是出現了超展開。無論哪種，感情已經過了保存期限，必須接受和死心。要怎麼好好接受感情凋零？回頭看舊訊息一開始簡直是在折磨自己，不過離一段距離來看，這能有效對感情做解剖化驗，更加了解哪裡出錯和原因為何。

必須聲明：這過程很擾人心神，最好等到傷口經過舐舐，預備好支持力量和準備好自我照護，並且已經感覺能用開放態度來理解所發生的事情，還有你在其中扮演什麼角色。回頭看訊息可能引發懷念、悲傷、憤怒、羞愧或以上都有的感覺，但只要抱持開放態度和意願，通常都能學到一些事情。

在感情完結後回顧時，能回應一些關鍵的問題。你在整段感情中如何表現自我？你回頭看訊息後，對自己有什麼想法？有沒有什麼固定模式，或是模式出現改變？你的另一半如何表現自己，而在感情一路下來出現什麼變化？你如何表達出自己的需求，實際達成的情況如何？另一半如何表達出他自己的需求，而你實際去滿足的情況如何？你能否在訊息中找出各種交叉路口——幻滅、凝聚和情感疏離？各種行為和決策如何導致最終分手的結局？

雖然結局不堪，但蘭登後續接連好幾個月仍在哀悼他對哈珀的感情，頑固拒絕新戀情，直到更清楚知道自己哪裡做錯、和自己對

於感情告終扮演什麼角色，才願意繼續。我們對談時，他注意到自己會把戀愛對象理想化。我最後鼓勵他回頭看看他和哈珀的整段溝通過程。結果讓他很驚訝，他寫了以下的內容給我：

我享受讀訊息時的心情變化。一開始，我對於這場激烈的戀愛感到折服，並對緩慢而痛苦的毀壞感到悲慟。隨著腦中雜訊清除掉，我的視野也變清晰了。這兩人站在鐵達尼號的甲板上跳舞，一旁警報大作，乘客大聲吼叫著，救生艇掉落到海中並下沉。他們繼續跳著舞。令人視線模糊的痛苦和失去的絕望感，轉為悲傷和懷念之情，為的不是感情的樣貌，而是感情中所缺乏的事物。

有些感情命懸一線，即將落入死亡螺旋，不斷在希望和絕望之間擺盪。這些人一開始就已經註定沒有好結局，但他們堅持要堅持、相信著相信。對他們來說，愛情的力量比地心引力更大。

諾拉和詹姆斯享受著一段長期而熱烈的婚外情，最終戛然而止。他們一起走到交叉路口，但選擇走上不同的道路。諾拉結束婚姻，詹姆斯盡全力改過。他們戀情結束讓人沒有完結感，且幾乎不再聯絡，縱使雙方無疑都還有著濃烈的感情。諾拉陷入沉痛當中，她回顧訊息找答案。詹姆斯在把焦點拉回婚姻時，刪掉所有訊息，面朝前方一步步邁進。

幾年後，諾拉突然收到以下的訊息。在這對話中，她終於得到一直渴望的決心。

詹姆斯：嗨，我看了《愛我，還是他》*，熬夜到半夜一點半～努力撐著看到最後。裡面充滿著甜美、悲傷、優美的幸福時刻，很真實……呈現愛情的種種面貌。我想妳可能會喜歡。

諾拉：我看過也很愛，幾年前了。

詹姆斯：很高興妳喜歡。拍得很好，有法國片的感覺。情感刻劃很細膩。不會太濫情，剛剛好。

諾拉：嗯，我不記得結局是什麼。我知道女主角有兩個男伴，其中一段感情結束了，她還意猶未盡，但我只記得這樣

詹姆斯：我要睡了，很高興聯絡上妳！愛妳

諾拉：我也想你，愛你

詹姆斯：我也想妳

（……）

諾拉：我在看完你的訊息後，半夜醒來開始思考。我在想《愛我，還是他》這部電影。現在大半夜的，電影情節開始湧入腦海中，還有對電影的感覺之類的。

---

* *Take This Waltz*，2011 年由莎拉・波莉（Sarah Polley）執導的電影。

諾拉：我想告訴你：我們在一起的時候，我看了每一部女人出軌而自毀前程的電影。我幾乎像強迫症一樣在看，因為我一整天都想自己做了什麼，還有為什麼要那樣做。

諾拉：總之，特別是這部電影《愛我，還是他》，讓我覺得悲傷。我記得在她出軌時想要對她生氣，卻生氣不起來，結局很令人難過，因為他們都犯了很多錯誤，但也是情不自禁。

諾拉：不過我想對你說的是，我現在幾乎沒時間看電影或是沉思，而且可能太難受了。不過在我很沉迷的那幾年，我也想要和你一起感受，不過你當時可能太忙碌，或是害怕而不敢去想。

諾拉：我現在好奇，你在看這些我之前狂看的電影時，真正的感覺是怎樣？

諾拉：半夜突然出現這些想法，不寫下來，就永遠不會說出口了。

詹姆斯：嗨。謝謝妳說這些。打字講不容易，因為想法很多，容易導致誤解。

詹姆斯：我能感覺到他們之間的致命吸引力。他就像我一樣，和她一起陷入而不可自拔，但是情況又很糟糕，因為她必須要做出選擇。他們處在動盪、危險又隨時會一觸即發的狀態。

詹姆斯：但是狀態不會改變，因為他們情不自禁，不願放手，或者說想要有個出口，或者那就是真愛。那就是最艱難的課題──到底該怎麼做？妳我都不知道。我覺得這就是我們經歷的美好和哀愁。當魔法般的事物被盛裝到盤中，妳要大快朵頤，還是轉頭就走？這沒有正確答案，不管怎麼選，都要自己承擔後果。

諾拉：謝謝你說這些。我讀了兩遍，都哭出來了。

詹姆斯：抱歉讓妳難過。那部電影就像是搭上一班停不下來的列車。這種感覺很熟悉。愛妳

　　諾拉的眼淚是因為回顧失去的感情而痛苦嗎？還是欣慰詹姆斯終於講出自己面對的兩難，而不再為了選擇對錯感到壓力？很高興詹姆斯表示他們之間的感情是純粹而真實，不僅僅是不倫戀的占有式激情？他們現在分道揚鑣，但心仍在一起。

　　我們自己可能有一個（或兩個）靈魂伴侶，或許很幸運能擁有他們，有些情況下可以好好地相愛，也有些情況，像是諾拉和詹姆斯，我們會知道這段感情在某處存在著，雖然到了交叉路口選了不同的去向。

　　列夫・托爾斯泰過：「真相就像黃金一樣[144]，想獲得不是本身成長，而在於洗去其他雜質。」掏洗訊息以找出黃金，可以讓我們認知到舊情的真相，也讓我們預備好展開新的戀情。

在手機上找到幸福

> 我：整體來說，我在交友軟體上遇到很多有趣的人，
>   儘管很少發展成戀愛關係
>
> 艾略特：最近我只跟俄羅斯機器人戀愛。我和她過得
>   很幸福，雖然她的對話很簡單，又不會真正回
>   應我，但她真的很得我心。

我有個故事要分享給你。

這是我自己的故事，但你可能也發現其中很多部分也是屬於你的故事。不管是什麼旅途，每個人走的路都不一樣。

我從交友軟體得到的收穫很多。我發現這些跟我所抱持的期望高低正好相反。就算多了伴能讓生活增色，放下非得找到伴不可的想法，讓我用充滿樂趣和冒險的心態來認識不同人。畢竟，所謂「理想伴侶」是純粹的概念。我們在網路交友圈所遇到的人，撇開機器人不談，都是有血有肉的人。對於這些相遇抱持太大的期望，

就好比穿上雨衣去淋雨，自然沒有什麼感覺。

　　許多人主張網路交友和在談戀愛時使用通訊軟體，降低了聯繫感情和溝通的品質。訊息變成簡化的「尼在ㄇ？」不過，要說我學到了什麼，那就是打字也能實現更加複雜的溝通，且網路戀愛促進了新式對話，並創造不同層次的精熟度。

　　打字傳訊把我的交友人脈向外擴展，變得像是行星軌道一般，幾乎隨時都可以聯繫到任何人，就算暫時無法，也很快就能聯繫到。這個軌道當中有朋友、舊情人和未來的情人，或許我的一生摯愛也會在上頭。每一次的星體連線都會是新的冒險。這就是我的戀愛篇章進行式。

　　隨著在這整本書中追蹤感情歷程，並解碼相關訊息，從曖昧到約會和戀愛，甚至到分手的階段，一不小心就會如同我病患先前那樣，對於情場抱持想要「玩贏交友軟體」的想法。我們談了「逝去」的愛，也談了「復得」的愛。是否可能用更加雙贏的方法，也就是每一方都能從中有所斬獲？

　　某一刻開始，我用族群的心態來思考戀愛，把戀愛軌道中的人稱為手機交友族群。這些人不因失戀而聚在一起取暖，或是把單身視為煩惱，而是堅持要好好享受生活，包含其中的起起伏伏。

　　我們受社會制約而認定朋友變成情人的話，友誼就玩完了，而情人成為朋友則是一種退步、一種失敗。柏拉圖在天之靈會對現代柏拉圖式戀愛的定義笑掉大牙：枯燥而沒有性關係的可疑友情。他對於愛的觀念就像是一座階梯[145]，通往真相和智慧，而戀愛和激情都只是其中幾階。對於我自己貨真價實的那種柏拉圖友情，我發

現不再有肉體關係後，反而會是更上層樓的高層次感情。

　　數位時代的自由戀愛風氣，消除了與舊情人往來或跟未來對象建立深厚友情的相關汙名。也就是說，只因為兩人不再繼續交往，不表示因戀愛所得的社交資本就得浪費掉。其實，這讓我們更接近了柏拉圖的理想。現在，我有好幾個最要好的朋友是過去的考慮對象，也就是交友軟體所認識的人。或許，若不是這樣一同在愛的階梯上共處過，就沒辦法達到如此親密和互相理解的程度。

　　把我們所認識的人想像成一個新的群體，也就是手機交友族群，或許就不會那麼強調「我自己」——所謂的少一點自我，多一點靈魂。與其尋找單一一個閃耀的對象，我們可以更加重視與一群人之間的感情交流。

　　我們學到一個新的語言、得到一種新的流暢表達能力。你會怎麼使用？如同作家蘇珊‧史塔森（Susan Statham）所說：「你的人生就是你的故事，要好好寫並時常編修。」對於「數位通訊是否扼殺書面語言」的是非題，答案或許就沒必要爭論了。這裡引用演員艾斯‧庫柏（Ice Cube）所說：「這一團[146]，我是加定了。」現在人人都是寫手，我們當然都要寫寫東西做出貢獻。

　　手機交友族群會不會在未來的文化當中，成為重要的社會單位？我的手機族群讓我獲取豐沛的愛、知識、交情和夥伴情誼。所獲之物的數量和類別多到難以計數。在這過程當中，出於奇蹟、緣分與意外，我為你獻上的這本書誕生了。🖖

致　謝

　　寫出生平第一本著作令我誠惶誠恐，要是沒有獲得旁人的支持，我根本沒辦法好好面對，更別說要完成。

　　首先，我對同事兼好友李奧納多（Leonardo）致上深深的感激之情。我們能交流任何想法，且你是我一同腦力激盪的固定班底，並且能向我透露實話。你創作的長才和文字造詣讓我欣喜且受到啟發。有人說寫書會改變一個人的本質，而你願意一路陪伴我，讓我獲得一段會永遠珍惜的冒險之旅。

　　感謝利亞姆‧戴（Liam Day）自從我提出發想那天起，就敦促我寫書。經過他兩年的催促，我決定好好寫書。萬分感謝你相信我、籌備這個過程，並且不辭艱辛地仔細讀我的稿子。你的意見十分寶貴。

　　我很感謝這輩子的好友黛博拉‧博爾特（Debora Bolter）、凱特‧謝默霍恩（Kate Schermerhorn）、安娜‧西頓‧亨廷頓（Anna Seaton Hungtington）及大衛‧賴特（David Wright）。你們讀了好大一部分的內容，並提供有助益的評論和聰慧的建議。感謝你們每一位，我很幸運在生命中能有這麼優秀且聰明的人作伴。

　　我要答謝的對象不僅僅是舊友，還有一路上認識的新知。感謝

許多人願意分享訊息內容，尤其是威廉・切特爾（William Chettle）貢獻想法、往來聯繫並犀利讀稿和給建議。謝謝實力堅強的攝影師安迪・卡茲（Andy Katz）。

本書引用研究的眾多專家都讓我欠一份情。特別銘謝麥克・諾頓、貝瑞・史瓦茲、西莉亞・克林、詹姆斯・佩內貝克撥空為這本書受訪。

感謝我的出版經紀人袁霍華（Howard Yoon），一路為我瞻前顧後，且眼光精準、態度親切又和善。謝謝你助我一臂之力講述我的故事，並且將這本書從提案拉拔成形。

本書之所以得以完成，也要歸功於我在道布爾戴出版社（Doubleday）的編輯亞尼夫・索哈（Yaniv Soha）。說到與編輯往來的經驗，我能篤定地說自己中了樂透。我衷心感謝你付出耐心和善用修改。你高超的編改技術不斷提醒我，我有最專業的人相助。深深感謝編輯以及道布爾戴全體人員堅定的支持力量。

我要謝謝了不起的子女奇拉（Kyra）和托爾（Tor），耐心接受我把心神放在寫書上。寫書來揭露老媽的約會訊息大概不是你們所期望的事情，但你們都很有風度且平靜地應對。奇拉在大學假期間一人擔當起參考資料的編排工作，讓我來得及交稿。托爾讓我保有自己的幽默感。我愛你們。

最後也很重要的一點，特別感謝我歷來所有的病患，願意把你們的故事交給我，讓我參與其中。你們一次又一次教導我，關於生命的重要一課。

註 釋

前言

1 Sigmund Freud, "Volume 2, Studies in Hysteria," ed. Carrie Lee Rothgeb, Psychoanalytic Training Institute of the Contemporary Freudian Society, 1971, instituteofcfs.org.

2 Mansoor Iqbal, "Tinder Revenue and Usage Statistics (2020)," *Business of Apps*, Oct. 30, 2020, www.businessofapps.com.

第一章

3 Robert Cloninger, "A Systematic Method for Clinical Description and Classification of Personality Variants," *Archives of General Psychiatry 44*, no. 6 (1987).

4 Michael Norton, Jeana H. Frost, and Dan Ariely, "Less Is More: The Lure of Ambiguity, or Why Familiarity Breeds Contempt," *Journal of Personality and Social Psychology 92*, no. 1 (2007): 97– 105.

5 諾頓在2020年5月6日與作者的電話訪談。

6 Michael Norton, Jeana H. Frost, and Dan Ariely, "Less Is More: The Lure of Ambiguity, or Why Familiarity Breeds Contempt," *Journal of Personality and Social Psychology 92*, no. 1 (2007): 97– 105.

7 同上。

8 諾頓與作者的電話訪談。

9 Harry Reis et al., "Familiarity Does Indeed Promote Attraction in Live Interaction," *Journal of Personality and Social Psychology 101*, no. 3 (March 2011): 557– 70.

10 Shankar Vedantam, "The Choices Before Us: Can Fewer Options Lead to Better Decisions?," NPR, May 4, 2020, www.npr.org.

11 Bruno Laeng, Oddrun Vermeer, and Unni Sulutvedt, "Is Beauty in the Face of the Beholder?," *PLoS ONE 8*, no. 7 (Oct. 2013).

12 Molly E. Ireland et al., "Language Style Matching Predicts Relationship Initiation and Stability," *Psychological Science 22, no. 1* (Jan. 2011): 39– 44.

13 Monica Anderson, Emily A. Vogels, and Erica Turner, "The Virtues and Downsides of Online Dating," Pew Research Center: Internet & Technology, Oct. 2, 2020, www.pewresearch.org.

14 Taizo Nakazato, "Striatal Dopamine Release in the Rat During a Cued Lever- Press Task for Food Reward and the Development of Changes over Time Measured Using High-Speed Voltammetry," *Experimental Brain Research 166*, no. 1 (Sept. 2005).

15 Angelika Dimoka, Paul A. Avalou, and Fred D. David, "NeuroIS: The Potential of Cognitive Neuroscience for Information Systems Research," *Information Systems Research 22*, no. 4 (Dec. 2011): 1– 16.

16 Barry Schwartz, "More Isn't Always Better," *Harvard Business Review*, Aug. 1, 2014, hbr.org.

17 Shankar Vedantam, "The Choices Before Us: Can Fewer Options Lead to Better Decisions?," NPR, May 4, 2020, www.npr.org.

18 貝瑞・史瓦茲（Barry Schwartz），《只想買條牛仔褲：選擇的弔詭》（*The Paradox of Choice*），天下雜誌，2004年。

19 Lori Gottlieb, *Marry Him: The Case for Settling for Mr. Good Enough* (New York: New American Library, 2011).

20 Raymond M. Smullyan, *Gödel's Incompleteness Theorems* (New York: Oxford University Press, 2020).

21 Ashley Carman, "Tinder Says It No Longer Uses a 'Desirability' Score to Rank People," *Verge*, March 15, 2019, www.theverge.com.

22 Eli J. Finkel et al., "Online Dating: A Critical Analysis from the Perspective of Psychological Science," *Psychological Science in the Public Interest 13*, no. 1 (2012).

第二章

23 麥爾坎・葛拉威爾（Malcolm Gladwell），《決斷2秒間》（*Blink: The Power of Thinking Without Thinking*），時報出版，2020年。

24 Paul Ekman, "Micro Expressions: Facial Expressions," Paul Ekman Group, Feb. 6, 2020, www.paulekman.com.

25 Frank Bernieri: David G. Jensen, "Tooling Up: First Impressions— Are Interview Results Preordained?," *Science,* Aug. 20, 2004.

26 David J. Lieberman, "Award- Winning Lie Detection Course: Taught by FBI Trainer," Udemy, Jan. 7, 2021, www.udemy.com.

27 John M. Gottman, "Love Lab," Gottman Institute, Sept. 10, 2019, www.gottman.com.

28 John M. Gottman, Kim T. Buehlman, and Lynn Katz, "How a Couple Views Their Past Predicts Their Future: Predicting Divorce from an Oral History Interview," *Journal of Family Psychology 5*, no. 3 (Jan. 1970).

29 Nancy Lublin, "Crisis Text Line," Crisis Text Line, 2013, www.crisistextline.org.

30 Katharine Cook Briggs and Isabel Briggs Myers, "Myers- Briggs Type Indicator," MBTI Basics, Myers & Briggs Foundation, www.myersbriggs.

org.

31 George Gurdjieff, "The Enneagram Personality Test," Truity, Jan. 8, 2021, www.truity.com.

32 Lewis Goldberg, "Big Five Personality Test," Open Psychometrics, Aug. 2019, openpsychometrics.org.

33 Benjamin R. Karney and Thomas N. Bradbury, "Neuroticism, Marital Interaction, and the Trajectory of Marital Satisfaction," *Journal of Personality and Social Psychology 72* (1997): 1075– 92.

34 V. Michelle Russell and James K. McNulty, "Frequent Sex Protects Intimates from the Negative Implications of Their Neuroticism," *Social Psychological and Personality Science 2* (2011): 220– 27.

35 Terri D. Fisher and James K. McNulty, "Neuroticism and Marital Satisfaction: The Mediating Role Played by the Sexual Relationship," *Journal of Family Psychology 22*, no. 1 (Feb. 2008): 112– 22.

36 David P. Schmitt and Todd K. Shackelford, "Big Five Traits Related to Short- Term Mating: From Personality to Promiscuity Across 46 Nations," *Evolutionary Psychology 6*, no. 2 (2008).

37 Noam Shpancer, "How Your Personality Predicts Your Romantic Life," *Psychology Today*, Aug. 2, 2016, www.psychologytoday.com.

38 David P. Schmitt and Todd K. Shackelford, "Big Five Traits Related to Short- Term Mating: From Personality to Promiscuity Across 46 Nations," *Evolutionary Psychology 6*, no. 2 (2008).

39 克林在2020年6月18日與作者的訪談。

40 Tal Yarkoni, "Personality in 100,000 Words: A Large- Scale Analysis of Personality and Word Use Among Bloggers," *Journal of Research in Personality 44*, no. 3 (2010): 363– 73.

41 Tanya Lewis, "IBM's Watson," *Business Insider*, July 22, 2015, www.businessinsider.com.

42 Rob Matheson, "Model Can More Naturally Detect Depression in Conversations," *MIT News*, Aug. 29, 2018, news.mit.edu.

43 Sharath Chandra Guntuku et al., "Studying Expressions of Loneliness in Individuals Using Twitter: An Observational Study," *BMJ Open 9*, no. 11 (2019).

44 Jana M. Havigerová et al., "Text- Based Detection of the Risk of Depression," *Frontiers in Psychology 10* (March 2019).*

45 Tal Yarkoni, "Personality in 100,000 Words: A Large- Scale Analysis of Personality and Word Use Among Bloggers," *Journal of Research in Personality 44*, no. 3 (2010): 363– 73.

46 同上。

47 Jessica Bennett, "When Your Punctuation Says It All (!)," *New York Times*, Feb. 27, 2015, www .nytimes.com.

48 Jennifer Golbeck et al., "Predicting Personality from Twitter," IEEE

International Conference on Privacy, Security, Risk, and Trust, and IEEE International Conference on Social Computing, 2011, www.demenzemedicinagenerale.net.

49 Danielle N. Gunraj et al., "Texting Insincerely: The Role of the Period in Text Messaging," *Computers in Human Behavior 55* (Feb. 2016): 1067– 75.

50 F. Scott Fitzgerald, "An Exclamation Point Is Like Laughing at Your Own Joke," Quote Investigator, Jan. 6, 2019, quoteinvestigator.com.

51 Jennifer Golbeck et al., "Predicting Personality from Twitter," IEEE International Conference on Privacy, Security, Risk, and Trust, and IEEE International Conference on Social Computing, 2011, www.demenzemedicinagenerale.net.

52 Elena Ferrante, *Incidental Inventions*, trans. Ann Goldstein (Brentwood, Calif.: Europa Editions, 2019), 60.

53 Gretchen McCulloch, *Because Internet: Understanding the New Rules of Language* (Waterville, Maine: Thorndike Press, 2020).

54 Olga Khazan, "Why Americans Smile So Much," *Atlantic,* June 1, 2017, www.theatlantic.com.

55 Weijian Li et al., "Mining the Relationship Between Emoji Usage Patterns and Personality," arXiv, April 14, 2018, arxiv.org.

56 同上。

第三章

57 Queensland University of Technology, "Online Daters Ignore Wish List When Choosing a Match," *Science News*, Feb. 21, 2017, www.sciencedaily.com.

58 Timothy D. Wilson, *Strangers to Ourselves: Discovering the Adaptive Unconscious* (Cambridge, Mass.: Belknap Press of Harvard University Press, 2004), 6.

59 Kurt Vonnegut, *Deadeye Dick* (New York: Dial Press, 2010), 253.

60 Michael Norton and Zoë Chance, " 'I Read Playboy for the Articles': Justifying and Rationalizing Questionable Preferences," Harvard Business School Working Paper 10- 018, Sept. 24, 2009, hbswk.hbs.edu.

61 Rick Harrington and Donald A. Loffredo, "Insight, Rumination, and Self-Reflection as Predictors of Well-Being," *The Journal of Psychology 145*, no. 1 (2010): pp. 39–57.

62 Anthony M. Grant, John Franklin, and Peter Langford, "The Self-Reflection and Insight Scale: A New Measure of Private Self-Consciousness," *Social Behavior and Personality: An International Journal 30*, no. 8 (2002): 821– 35.

63 塔莎・歐里希（Tasha Eurich），《深度洞察力》（*Insight: The Surprising Truth About How Others See Us, How We See Ourselves, and Why the*

Answers Matter More Than We Think），時報出版，2018年。

64 Simine Vazire and Mitja D. Back, "Knowing Our Personality," in *Handbook of Self- Knowledge*, ed. Simine Vazire and Timothy D. Wilson (New York: Guilford Press, 2012), 137.

65 James Hollis, *Living an Examined Life: Wisdom for the Second Half of the Journey* (Boulder, Colo.: Sounds True, 2018).

66 Timothy D. Wilson et al., "Just Think: The Challenges of the Disengaged Mind," *Science 345*, no. 6192 (July 2004): 75– 77.

67 Timothy D. Wilson and Daniel T. Gilbert, "Affective Forecasting: Knowing What to Want," *Current Directions in Psychological Science 14*, no. 3 (June 2005).

68 Timothy D. Wilson, *Strangers to Ourselves: Discovering the Adaptive Unconscious* (Cambridge, Mass.: Belknap Press of Harvard University Press, 2004), 16.

69 Woody Allen and Linda Sunshine, *The Illustrated Woody Allen Reader: Prospectus* (New York: Alfred A. Knopf, 1993), 53.

第四章

70 Plenty of Fish, "Pressure Points Report 2019" (Egnyte, 2019), 1– 8, craftedcom.egnyte.com.

71 同上。

72 Isabel Thottam, "The History of Online Dating (US)," eHarmony, 2018, www.eharmony.com.

73 Rachel Layne, "Asking Questions Can Get You a Better Job or a Second Date," HBS Working Knowledge, Oct. 30, 2017, hbswk.hbs.edu.

74 OkCupid, "Online Dating Advice: Optimum Message Length," The OkCupid Blog, Medium, Aug. 7, 2019, theblog.okcupid.com.

75 Jason Dou et al., "What Words Do We Use to Lie? Word Choice in Deceptive Messages," arXiv, Sept. 2017, arxiv.org.

76 Lindsay M. Oberman, "Broken Mirrors: A Theory of Autism," *Scientific American*, June 1, 2007, www.scientificamerican.com.

77 David Sedaris, Facebook, Dec. 3, 2019, www.facebook.com.

78 Rod A. Martin and Thomas E. Ford, *The Psychology of Humor: An Integrative Approach* (London: Academic Press, 2018).

79 Paul Frewen et al., "Humor Styles and Personality- Vulnerability to Depression," *Humor 21*, no. 2 (2008): 179– 95.

80 Rod A. Martin et al., "Individual Differences in Uses of Humor and Their Relation to Psychological Well-Being: Development of the Humor Styles Questionnaire," *Journal of Research in Personality 37*, no. 1 (2003): 48– 75.

81 OkCupid, "Online Dating Advice: Optimum Message Length," The

OkCupid Blog, Medium, Aug. 7, 2019, theblog.okcupid.com.

82 Lumen Learning and Diana Lang, "1950s: Harlow, Bowlby, and Ainsworth," Iowa State University Digital Press, May 18, 2020, iastate.pressbooks.pub.

83 阿米爾・樂維（Amir Levine, M.D.）、瑞秋・赫勒（Rachel S.F. Heller, M.A.），《依附》（*Attached: The New Science of Adult Attachment and How It Can Help You Find– and Keep– Love*），遠流出版，2018年。

第五章

84 Alex Williams, "The End of Courtship?," *New York Times*, Jan. 11, 2013, www.nytimes.com.

85 阿茲・安薩里（Aziz Ansari,）、艾瑞克・克林南柏格（Eric Klinenberg），《救救我的羅曼史》（*Modern Romance*），天下文化，2016年。

86 海倫・費雪（Helen Fisher），《解構愛情》（*Anatomy of Love: A Natural History of Mating, Marriage, and Why We Stray*），貓頭鷹，2019年。

87 James W. Pennebaker, *The Secret Life of Pronouns: What Our Words Say About Us* (New York: Bloomsbury, 2013), 200.

88 同上，206.

89 同上，1– 17.

90 佩內貝克在2020年8月26日與作者的電話訪談。

91 Silke Anders et al., "A Neural Link Between Affective Understanding and Interpersonal Attraction," PNAS, March 31, 2016, www.pnas.org.

92 尼克・宏比（Nick Hornby），《失戀排行榜》（*High Fidelity*），麥田，2011年。

93 Pennebaker, Secret Life of Pronouns, 170– 95.

94 同上。

95 佩內貝克與作者的電話訪談。

96 Enikő Kubinyi and Lisa J. Wallis, "Dominance in Dogs as Rated by Owners Corresponds to Ethologically Valid Markers of Dominance," *PeerJ 7* (May 2019).

97 Pennebaker, *Secret Life of Pronouns*, 170–95.

98 艾倫・費恩（Ellen Fein）、雪莉・史耐德（Sherrie Schneider），《戀愛必勝守則》（*The Rules*），晨星，2011年。

99 尼爾・史特勞斯（Neil Strauss），《把妹達人1》（*The Game*），大辣，2023年。

100 王爾德（Oscar Wilde），《不可兒戲》（*The Importance of Being Earnest*），九歌，2013年。

101 瑞秋・赫茲（Rachel Herz），《嗅覺之謎》（*The Scent of Desire*），堡壘文化，2013年。

第六章

102 Mark Twain, *Mark Twain's Notebook*, ed. Albert Bigelow Paine (London: Hesperides Press, 2006).

103 埃絲特・沛瑞爾（Esther Perel），《情欲徒刑》（*Mating in Captivity*），時報出版，2017年。

104 Allan Gois, "The Perfect Imperfections of Love," The Psychotherapist Blog, March 3, 2014, www.allangois.co.uk.

105 Erik H. Erikson, *Identity and the Life Cycle: Selected Papers* (New York: Norton, 1980).

106 蓋瑞・巧門（Gary D. Chapman），《愛之語》（*The Five Love Languages: How to Express Heartfelt Commitment to Your Mate*），中國主日學協會，1998年。

107 Kubinyi and Wallis, "Dominance in Dogs."

108 約翰・高特曼（John M. Gottman）、娜恩・希爾維（Nan Silver），《信任，決定幸福的深度》（*What Makes Love Last? How to Build Trust and Avoid Betrayal*），張老師文化，2016年。

109 同上。

110 同上。

111 John M. Gottman and Joan DeClaire, *The Relationship Cure: A Five- Step Guide to Strengthening Your Marriage, Family, and Friendships* (New York: Harmony Books, 2002).

112 約翰・高特曼（John M. Gottman）、茱莉・高特曼（Julie Schwartz Gottman）、道格・亞伯蘭斯（Doug Abrams）、瑞秋・亞伯蘭斯（Rachel Abrams），《讓愛情長久的八場約會》（*Eight Dates: Essential Conversations for a Lifetime of Love*），三采，2020年。

113 埃絲特・沛瑞爾（Esther Perel），《情欲徒刑》（*Mating in Captivity*），時報出版，2017年。

114 〈湯納粹〉（Soup Nazi），《歡樂單身派對》（*Seinfeld*）第七季，第六集，1995年11月2日播映。

115 埃絲特・沛瑞爾（Esther Perel），《情欲徒刑》（*Mating in Captivity*），時報出版，2017年。

116 E. E. Cummings, "Because It's," All Poetry, 2005, allpoetry.com.

第七章

117 列夫・托爾斯泰（Leo Tolstoy），《安娜・卡列尼娜》（*Anna Karenina*），風雲時代，2021年。

118 Elaine Hatfield, "Passionate Love, Companionate Love, and Intimacy," in *Intimacy*, ed. Martin Fisher and George Stricker (Boston: Springer, 1982).

119 Hongwen Song et al., "Love-Related Changes in the Brain: A Resting- State Functional Magnetic Resonance Imaging Study," *Frontiers in Human Neuroscience* 9, no. 71 (Feb. 2015).

註　釋　293

120 強納森・海德（Jonathan Haidt），《象與騎象人》（*The Happiness Hypothesis: Putting Ancient Wisdom and Philosophy to the Test of Modern Science*），究竟，2020年。

121 C. S. Lewis, *A Grief Observed* (London: CrossReach Publications, 2016), 72.

122 Richard M. Frankel, "The Many Faces of Empathy," *Journal of Patient Experience 4*, no. 2 (May 2017).

123 Shelly Gable et al., "What Do You Do When Things Go Right? The Intrapersonal and Interpersonal Benefits of Sharing Positive Events," *Journal of Personality and Social Psychology 87*, no. 2 (2004): 228– 45.

124 凱瑞・派特森（Kerry Patterson）、喬瑟夫・葛瑞尼（Joseph Grenny）、朗恩・麥米倫（Ron McMillan）、艾爾・史威茨勒（Al Switzler），《開口就說對話》（*Crucial Conversations: Tools for Talking When Stakes Are High*），麥格羅・希爾，2012年。

125 約翰・高曼（John M. Gottman）、妮安・希維爾（Nan Silver），《七個讓愛延續的方法》（*The Seven Principles for Making Marriage Work*），遠流，2022年。

126 尼可拉斯・艾普利（Nicholas Epley），《為什麼我們經常誤解人心？》（*Mindwise*），究竟，2014年。

127 Amy Muise, "Are You GGG?," *Psychology Today*, Aug. 31, 2012, www.psychologytoday.com.

128 Amy Muise et al., "Keeping the Spark Alive: Being Motivated to Meet a Partner's Sexual Needs Sustains Sexual Desire in Long- Term Romantic Relationships," *Social Psychology and Personality Science 4*, no. 3 (2013).

129 弗朗索瓦・德・拉羅什福柯（François de La Rochefoucauld），《偽善是邪惡向美德的致敬》（*Maximes et Reflexions diverses*），八旗，2013年。

130 Elisabeth Sheff, "Updated Estimate of Number of Non- monogamous People in U.S.," *Psychology Today*, May 27, 2019, www.psychologytoday.com.

131 Jessica Kegu and Jason Silverstein, " 'Things Are Opening Up': Non-monogamy Is More Common Than You'd Think," CBS News, Oct. 27, 2019, www.cbsnews.com.

132 Elaine Hatfield, Richard L. Rapson, and Jeanette Purvis, *What's Next in Love and Sex: Psychological and Cultural Perspectives* (New York: Oxford University Press, 2020), 151– 68.

133 Ethan Czuy Levine et al., "Open Relationships, Nonconsensual Nonmonogamy, and Monogamy Among U.S. Adults: Findings from the 2012 National Survey of Sexual Health and Behavior," *Archives of Sexual Behavior 47*, no. 5 (July 2018).

134 Hatfield, Rapson, and Purvis, *What's Next in Love and Sex*, 151– 68.

135 Michael W. Wiederman and Elizabeth Rice Allgeier, "Expectations and Attributions Regarding Extramarital Sex Among Young Married Individuals," *Journal of Psychology and Human Sexuality 8*, no. 3 (1996):

21– 35.

136 Tom Stoppard, *Rosencrantz and Guildenstern Are Dead* (Stuttgart: Reclam, 1993), 47.

第八章

137 約翰・高特曼（John M. Gottman）、娜恩・希爾維（Nan Silver），《信任，決定幸福的深度》（*What Makes Love Last? How to Build Trust and Avoid Betrayal*），張老師文化，2016年。

138 蘇珊・強森（Sue Johnson），《抱緊我：扭轉夫妻關係的七種對話》（*Hold Me Tight: Your Guide to the Most Successful Approach to Building Loving Relationships*），張老師文化，2009年。

139 Laura Ward, *Famous Last Words: The Ultimate Collection of Finales and Farewells* (London: PRC, 2004), 14.

第九章

140 Anaïs Nin, *The Four-Chambered Heart* (Denver: Swallow Press, 1959), 48.

141 Alice Zhao, "Text Messaging," A Dash of Data, Sept. 5, 2017, adashofdata.com.

142 Rainer Funk, *Erich Fromm: His Life and Ideas: An Illustrated Biography* (New York: Continuum, 2000), 138.

143 Lori Cluff Schade et al., "Using Technology to Connect in Romantic Relationships: Effects on Attachment, Relationship Satisfaction, and Stability in Emerging Adults," *Journal of Couple & Relationship Therapy* 12, no. 4 (2013): 314– 38.

144 列夫・托爾斯泰（Leo Tolstoy），《安娜・卡列尼娜》（*Anna Karenina*），風雲時代，2021年。

後記

145 Emrys Westacott, "Discover What Plato Means About the Ladder of Love in His 'Symposium,'" ThoughtCo, Aug. 2020, www.thoughtco.com.

146 N.W.A, "Gangsta Gangsta," on *Straight Outta Compton*, 1988.

參考書目

1. Allen, Woody, and Linda Sunshine. *The Illustrated Woody Allen Reader: Prospectus*. New York: Alfred A. Knopf, 1993.

2. Anders, Silke, Roos de Jong, Christian Beck, John- Dylan Haynes, and Thomas Ethofer. "A Neural Link Between Affective Understanding and Interpersonal Attraction." PNAS, March 31, 2016. www.pnas.org.

3. Anderson, Monica, Emily A. Vogels, and Erica Turner. "The Virtues and Downsides of Online Dating." Pew Research Center: Internet & Technology, Oct. 2, 2020. www.pewresearch.org.

4. 阿茲・安薩里（Aziz Ansari,）、艾瑞克・克林南柏格（Eric Klinenberg），《救救我的羅曼史》（*Modern Romance*），天下文化，2016年。

5. Bennett, Jessica. "When Your Punctuation Says It All (!)." *New York Times*, Feb. 27, 2015. www.nytimes.com.

6. Carman, Ashley. "Tinder Says It No Longer Uses a 'Desirability' Score to Rank People." *Verge*, March 15, 2019. www.theverge.com.

7. 蓋瑞・巧門（Gary D. Chapman），《愛之語》（*The Five Love Languages: How to Express Heartfelt Commitment to Your Mate*），中國主日學協會，1998年。

8. Cloninger, Robert. "A Systematic Method for Clinical Description and Classification of Personality Variants." *Archives of General Psychiatry 44*, no. 6 (1987).

9. Cummings, E. E. "Because It's." All Poetry, 2005. allpoetry.com.

10. Dimoka, Angelika, Paul A. Avalou, and Fred D. David. "NeuroIS: The Potential of Cognitive Neuroscience for Information Systems Research." *Information Systems Research 22*, no. 4 (Dec. 2011): 1– 16.

11. Dou, Jason, Michelle Liu, Haaris Muneer, and Adam Schlussel. "What Words Do We Use to Lie? Word Choice in Deceptive Messages." arXiv, Sept. 2017. arxiv.org.

12. Ekman, Paul. "Micro Expressions: Facial Expressions." Paul Ekman Group, Feb. 6, 2020. www.paulekman.com.

13. 尼可拉斯・艾普利（Nicholas Epley），《為什麼我們經常誤解人心？》（*Mindwise*），究竟，2014年。

14. Erikson, Erik H. *Identity and the Life Cycle: Selected Papers*. New York: Norton, 1980.

15. 塔莎・歐里希（Tasha Eurich），《深度洞察力》（Insight: The Surprising Truth About How Others See Us, How We See Ourselves, and Why the Answers Matter More Than We Think），時報出版，2018年。*

16. 艾倫・費恩（Ellen Fein）、雪莉・史耐德（Sherrie Schneider），《戀愛必勝守則》（The Rules），晨星，2011年。

17. Finkel, Eli J., Paul W. Eastwick, Benjamin R. Karney, Harry T. Reis, and Susan Sprecher. "Online Dating: A Critical Analysis from the Perspective of Psychological Science." *Psychological Science in the Public Interest 13*, no. 1 (2012).

18. 海倫・費雪（Helen Fisher），《解構愛情》（Anatomy of Love: A Natural History of Mating, Marriage, and Why We Stray），貓頭鷹，2019年。

19. Fisher, Terri D., and James K. McNulty. "Neuroticism and Marital Satisfaction: The Mediating Role Played by the Sexual Relationship." *Journal of Family Psychology 22*, no. 1 (Feb. 2008): 112– 22.

20. Frankel, Richard M. "The Many Faces of Empathy." *Journal of Patient Experience 4*, no. 2 (May 2017).

21. Freud, Sigmund. "Volume 2, Studies in Hysteria." Edited by Carrie Lee Rothgeb. Psychoanalytic Training Institute of the Contemporary Freudian Society, 1971. instituteofcfs.org.

22. Frewen, Paul, Jaylene Brinker, Rod A. Martin, and David Dozois. "Humor Styles and Personality- Vulnerability to Depression." *Humor 21*, no. 2 (2008): 179– 95.

23. Funk, Rainer. *Erich Fromm: His Life and Ideas: An Illustrated Biography*. New York: Continuum, 2000.

24. Gable, Shelly L., Harry T. Reis, Emily A. Impett, and Evan R. Asher. "What Do You Do When Things Go Right? The Intrapersonal and Interpersonal Benefits of Sharing Positive Events." *Journal of Personality and Social Psychology 87*, no. 2 (2004).

25. 麥爾坎・葛拉威爾（Malcolm Gladwell），《決斷2秒間》（Blink: The Power of Thinking Without Thinking），時報出版，2020年。

26. Gois, Allan. "The Perfect Imperfections of Love." The Psychotherapist Blog, March 3, 2014. www.allangois.co.uk.

27. Golbeck, Jennifer, Cristina Robles, Michon Edmondson, and Karen Turner. "Predicting Personality from Twitter." IEEE International Conference on Privacy, Security, Risk, and Trust, and IEEE International Conference on Social Computing, 2011. www.demenzemedicinagenerale.net/.

28. Goldberg, Lewis. "Big Five Personality Test." Open Psychometrics, Aug. 2019. openpsychometrics.org.

29. Gottlieb, Lori. *Marry Him: The Case for Settling for Mr. Good Enough*. New York: New American Library, 2011.

30. Gottman, John M. "Love Lab." Gottman Institute, Sept. 10, 2019. www.gottman.com.

31. Gottman, John M., Kim T. Buehlman, and Lynn Katz. "How a Couple Views Their Past Predicts Their Future: Predicting Divorce from an Oral History Interview." *Journal of Family Psychology* 5, no. 3 (Jan. 1970).

32. Gottman, John M., and Joan DeClaire. *The Relationship Cure: A Five-Step Guide to Strengthening Your Marriage, Family, and Friendships*. New York: Harmony Books, 2002.

33. 約翰・高特曼（John M. Gottman）、茱莉・高特曼（Julie Schwartz Gottman）、道格・亞伯蘭斯（Doug Abrams）、瑞秋・亞伯蘭斯（Rachel Abrams），《讓愛情長久的八場約會》（*Eight Dates: Essential Conversations for a Lifetime of Love*），三采，2020年。*

34. 約翰・高曼（John M. Gottman）、妮安・希維爾（Nan Silver），《七個讓愛延續的方法》（*The Seven Principles for Making Marriage Work*），遠流，2022年。

35. Grant, Anthony M., John Franklin, and Peter Langford. "The Self-Reflection and Insight Scale: A New Measure of Private Self-Consciousness." *Social Behavior and Personality: An International Journal* 30, no. 8 (2002): 821– 35.

36. Gunraj, Danielle N., April M. Drumm- Hewitt, Erica M. Dashow, Sri Siddhi N. Upadhyay, and Celia M. Klin. "Texting Insincerely: The Role of the Period in Text Messaging." *Computers in Human Behavior* 55 (Feb. 2016): 1067– 75.

37. Guntuku, Sharath Chandra, Rachelle Schneider, Arthur Pelullo, Jami Young, Vivien Wong, Lyle Ungar, Daniel Polsky, Kevin G. Volpp, and Raina Merchant. "Studying Expressions of Loneliness in Individuals Using Twitter: An Observational Study." *BMJ Open* 9, no. 11 (2019).

38. Gurdjieff, George. "The Enneagram Personality Test." Truity, Jan. 8, 2021. www.truity.com.

39. 強納森・海德（Jonathan Haidt），《象與騎象人》（*The Happiness Hypothesis: Putting Ancient Wisdom and Philosophy to the Test of Modern Science*），究竟，2020年。

40. Harrington, Rick, and Donald A. Loffredo. "Insight, Rumination, and Self-Reflection as Predictors of Well-Being." *The Journal of Psychology* 145, no. 1 (2010): 39–57.

41. Hatfield, Elaine. "Passionate Love, Companionate Love, and Intimacy." In *Intimacy,* edited by Martin Fisher and George Stricker. Boston: Springer, 1982.

42. Hatfield, Elaine, Richard L. Rapson, and Jeanette Purvis. *What's Next in Love and Sex: Psychological and Cultural Perspectives*. New York: Oxford University Press, 2020.

43. Havigerová, Jana M., Jií Haviger, Dalibor Kučera, and Petra Hoffmannová. "Text- Based Detection of the Risk of Depression." *Frontiers in Psychology* 10 (March 2019).

44. 瑞秋・赫茲（Rachel Herz），《嗅覺之謎》（*The Scent of Desire*），堡壘文化，2013 年。

45. Hollis, James. *Living an Examined Life: Wisdom for the Second Half of the Journey*. Boulder, Colo.: Sounds True, 2018.

46. Iqbal, Mansoor. "Tinder Revenue and Usage Statistics (2020)." *Business of Apps*, Oct. 30, 2020. www.businessofapps.com.

47. Ireland, Molly E., Richard B. Slatcher, Paul W. Eastwick, Lauren E. Scissors, Eli J. Finkel, and James W. Pennebaker. "Language Style Matching Predicts Relationship Initiation and Stability." *Psychological Science 22, no. 1* (Jan. 2011): 39– 44.

48. Jensen, David G. "Tooling Up: First Impressions— Are Interview Results Preordained?" *Science,* Aug. 20, 2004.

49. 蘇珊・強森（Sue Johnson），《抱緊我：扭轉夫妻關係的七種對話》（*Hold Me Tight: Your Guide to the Most Successful Approach to Building Loving Relationships*），張老師文化，2009 年。

50. Karney, Benjamin R., and Thomas N. Bradbury. "Neuroticism, Marital Interaction, and the Trajectory of Marital Satisfaction." *Journal of Personality and Social Psychology 72* (1997): 1075– 92.

51. Kegu, Jessica, and Jason Silverstein. " 'Things Are Opening Up': Non-monogamy Is More Common Than You'd Think." CBS News, Oct. 27, 2019. www.cbsnews.com.

52. Khazan, Olga. "Why Americans Smile So Much." *Atlantic,* June 1, 2017. www.theatlantic.com.

53. Kubinyi, Enik , and Lisa J. Wallis. "Dominance in Dogs as Rated by Owners Corresponds to Ethologically Valid Markers of Dominance." *PeerJ 7* (May 2019).

54. Laeng, Bruno, Oddrun Vermeer, and Unni Sulutvedt. "Is Beauty in the Face of the Beholder?" *PLoS ONE 8*, no. 7 (2013).

55. 弗朗索瓦・德・拉羅什福柯（François de La Rochefoucauld），《偽善是邪惡向美德的致敬》（*Maximes et Reflexions diverses*），八旗，2013 年。

56. Layne, Rachel. "Asking Questions Can Get You a Better Job or a Second Date." HBS Working Knowledge, Oct. 30, 2017. hbswk.hbs.edu.

57. Learning, Lumen, and Diana Lang. "1950s: Harlow, Bowlby, and Ainsworth." Iowa State University Digital Press, May 18, 2020. iastate .pressbooks.pub.

58. 阿米爾・樂維（Amir Levine, M.D.）、瑞秋・赫勒（Rachel S.F. Heller, M.A.），《依附》（*Attached: The New Science of Adult Attachment and How It Can Help You Find– and Keep– Love*），遠流出版，2018 年。

59. Levine, Ethan Czuy, Debby Herbenick, Omar Martinez, and Brian Dodge. "Open Relationships, Nonconsensual Nonmonogamy, and Monogamy Among U.S. Adults: Findings from the 2012 National Survey of Sexual Health and Behavior." *Archives of Sexual Behavior 47*, no. 5 (July 2018).

60. Lewis, C. S. *A Grief Observed*. London: CrossReach Publications, 2016.

61. Lewis, Tanya. "IBM's Watson." *Business Insider*, July 22, 2015. www.businessinsider.com.

62. Li, Weijian, Yuxiao Chen, Tianran Hu, and Jiebo Luo. "Mining the Relationship Between Emoji Usage Patterns and Personality." arXiv, April 14, 2018. arxiv.org.

63. Lieberman, David J. "Award- Winning Lie Detection Course: Taught by FBI Trainer." Udemy, Jan. 7, 2021. www.udemy.com.

64. Martin, Rod A., and Thomas E. Ford. *The Psychology of Humor: An Integrative Approach*. London: Academic Press, 2018.

65. Martin, Rod A., Patricia Puhlik- Doris, Jeanette Gray, Kelly Weir, and Gwen Larsen. "Individual Differences in Uses of Humor and Their Relation to Psychological Well- Being: Development of the Humor Styles Questionnaire." *Journal of Research in Personality 37*, no. 1 (2003): 48– 75.

66. Matheson, Rob. "Model Can More Naturally Detect Depression in Conversations," *MIT News*, Aug. 29, 2018, news.mit.edu.

67. McCulloch, Gretchen. *Because Internet: Understanding the New Rules of Language*. Waterville, Maine: Thorndike Press, 2020.

68. Muise, Amy. "Are You GGG?" *Psychology Today*, Aug. 31, 2012. www.psychologytoday.com.

69. Muise, Amy, Emily Impett, Alexsandr Kogan, and Serge Desmarais. "Keeping the Spark Alive: Being Motivated to Meet a Partner's Sexual Needs Sustains Sexual Desire in Long- Term Romantic Relationships." *Social Psychology and Personality Science 4*, no. 3 (2013).

70. Nakazato, Taizo. "Striatal Dopamine Release in the Rat During a Cued Lever- Press Task for Food Reward and the Development of Changes over Time Measured Using High- Speed Voltammetry." *Experimental Brain Research 166*, no. 1 (Sept. 2005).

71. Nin, Anaïs. *The Four-Chambered Heart*. London: Peter Owen, 2004.

72. Norton, Michael, and Zoë Chance. " 'I Read Playboy for the Articles': Justifying and Rationalizing Questionable Preferences." Harvard Business School Working Paper 10- 018, Sept. 24, 2009. hbswk.hbs.edu.

73. Norton, Michael, Jeana H. Frost, and Dan Ariely. "Less Is More: The Lure of Ambiguity, or Why Familiarity Breeds Contempt." *Journal of Personality and Social Psychology 92*, no. 1 (2007): 97– 105.

74. Oberman, Lindsay M. "Broken Mirrors: A Theory of Autism." *Scientific American*, June 1, 2007. www.scientificamerican.com.

75. Ohadi, Jonathan, Brandon Brown, Leora Trub, and Lisa Rosenthal. "I Just Text to Say I Love You: Partner Similarity in Texting and Relationship Satisfaction." *Computers in Human Behavior 78* (Sept. 2017).

76. OkCupid. "Online Dating Advice: Optimum Message Length." *The OkCu-*

pid Blog, Medium, Aug. 7, 2019. theblog.okcupid.com.

77. 凱瑞・派特森（Kerry Patterson）、喬瑟夫・葛瑞尼（Joseph Grenny）、朗恩・麥米倫（Ron McMillan）、艾爾・史威茨勒（Al Switzler），《開口就說對話》（*Crucial Conversations: Tools for Talking When Stakes Are High*），麥格羅・希爾，2012年。

78. Pennebaker, James W. *The Secret Life of Pronouns: What Our Words Say About Us.* New York: Bloomsbury, 2013.

79. 埃絲特・沛瑞爾（Esther Perel），《情欲徒刑》（*Mating in Captivity*），時報出版，2017年。

80. Plenty of Fish. "Pressure Points Report 2019." Egnyte, 2019. craftedcom. egnyte.com.

81. Queensland University of Technology. "Online Daters Ignore Wish List When Choosing a Match." *Science News*, Feb. 21, 2017. www. sciencedaily.com.

82. Reis, Harry, Peter A. Caprariello, Michael R. Maniaci, Paul W. Eastwick, and Eli J. Finkel. "Familiarity Does Indeed Promote Attraction in Live Interaction." *Journal of Personality and Social Psychology 101*, no. 3 (March 2011): 557– 70.

83. Russell, V. Michelle, and James K. McNulty. "Frequent Sex Protects Intimates from the Negative Implications of Their Neuroticism." *Social Psychological and Personality Science 2* (2011): 220– 27.

84. Schade, Lori, Jonathan Sandberg, Roy Bean, Dean Busby, and Sarah Coyne. "Using Technology to Connect in Romantic Relationships: Effects on Attachment, Relationship Satisfaction, and Stability in Emerging Adults." *Journal of Couple & Relationship Therapy,* 12, no. 4 (2013): 314– 38.

85. Schmitt, David P., and Todd K. Schackelford. "Big Five Traits Related to Short-Term Mating: From Personality to Promiscuity Across 46 Nations." *Evolutionary Psychology 6*, no. 2 (2008).

86. Schwartz, Barry. "More Isn't Always Better." *Harvard Business Review*, Aug. 1, 2014. hbr.org.

87. 貝瑞・史瓦茲（Barry Schwartz），《只想買條牛仔褲：選擇的弔詭》（*The Paradox of Choice*），天下雜誌，2004年。

88. Sheff, Elisabeth. "Updated Estimate of Number of Non-monogamous People in U.S." *Psychology Today*, May 27, 2019. www.psychologytoday. com.

89. Shpancer, Noam. "How Your Personality Predicts Your Romantic Life." *Psychology Today*, Aug. 2, 2016. www.psychologytoday.com.

90. Smullyan, Raymond M. *Gödel's Incompleteness Theorems.* New York: Oxford University Press, 2020.

91. Song, Hongwen, Zhiling Zou, Juan Kou, Yang Liu, Lizhuang Yang, Anna Zilverstand, Federico d'Oleire Uquillas, and Xiaochu Zhang. "Love-Related

Changes in the Brain: A Resting- State Functional Magnetic Resonance Imaging Study." *Frontiers in Human Neuroscience 9*, no. 71 (Feb. 2015).

92. Stoppard, Tom. *Rosencrantz and Guildenstern Are Dead*. Stuttgart: Reclam, 1993.

93. 尼爾・史特勞斯（Neil Strauss），《把妹達人1》（*The Game*），大辣，2023年。

94. Thottam, Isabel. "The History of Online Dating (US)." eHarmony, 2018. www.eharmony.com.

95. 列夫・托爾斯泰（Leo Tolstoy），《安娜・卡列尼娜》（*Anna Karenina*），風雲時代，2021年。

96. Twain, Mark. *Mark Twain's Notebook*. Edited by Albert Bigelow Paine. London: Hesperides Press, 2006.

97. Vazire, Simine, and Mitja D. Back. "Knowing Our Personality." In *Handbook of Self- Knowledge*, edited by Simine Vazire and Timothy D. Wilson. New York: Guilford Press, 2012.

98. Vedantam, Shankar. "The Choices Before Us: Can Fewer Options Lead to Better Decisions?" NPR, May 4, 2020. www.npr.org.

99. Vonnegut, Kurt. *Deadeye Dick*. New York: Dial Press, 2010.

100. Ward, Laura. *Famous Last Words: The Ultimate Collection of Finales and Farewells*. London: PRC, 2004.

101. Westacott, Emrys. "Discover What Plato Means About the Ladder of Love in His 'Symposium.' " ThoughtCo, Aug. 2020. www.thoughtco.com.

102. Wiederman, Michael W., and Elizabeth Rice Allgeier. "Expectations and Attributions Regarding Extramarital Sex Among Young Married Individuals." *Journal of Psychology and Human Sexuality 8*, no. 3 (1996): 21– 35.

103. 王爾德（Oscar Wilde），《不可兒戲》（*The Importance of Being Earnest*），九歌，2013年。

104. Williams, Alex. "The End of Courtship?" *New York Times*, Jan. 11, 2013. www.nytimes.com.

105. Wilson, Timothy D. *Redirect: Changing the Stories We Live By*. New York: Back Bay Books, 2015.

106. Wilson, Timothy D. *Strangers to Ourselves: Discovering the Adaptive Unconscious*. Cambridge, Mass.: Belknap Press of Harvard University Press, 2004.

107. Wilson, Timothy D., David A. Reinhard, Erin C. Westgate, Daniel T. Gilbert, Nicole Ellerbeck, Cheryl Hahn, Casey L. Brown, and Adi Shaked. "Just Think: The Challenges of the Disengaged Mind." *Science 345*, no. 6192 (July 2004): 75– 77.

108. Wilson, Timothy D., and Daniel T. Gilbert. "Affective Forecasting: Knowing What to Want." *Current Directions in Psychological Science 14*, no. 3 (June 2005).

109.Yarkoni, Tal. "Personality in 100,000 Words: A Large- Scale Analysis of Personality and Word Use Among Bloggers." *Journal of Research in Personality 44*, no. 3 (2010): 363– 73.

110.Zhao, Alice. "Text Messaging." A Dash of Data, Sept. 5, 2017. adashofdata.com.

商周其他系列　BO0346

從尬聊到穩交

臉書御用心理師的網聊神技，
讓你輕鬆把對方的心聊走！

（附百則情境對話範例）

原文書名／Speaking in Thumbs: A Psychiatrist
　　　　　Decodes Your Relationship Texts So You
　　　　　Don't Have To
作　　　者／蜜米・溫斯柏格（Dr. Mimi Winsberg）
譯　　　者／陳依萍
企劃選書／黃鈺雯
責任編輯／黃鈺雯
版　　　權／吳亭儀、林易萱、江欣瑜、顏慧儀
行銷業務／林秀津、黃崇華、賴正祐、郭盈均

總　編　輯／陳美靜
總　經　理／彭之琬
事業群總經理／黃淑貞
發　行　人／何飛鵬
法律顧問／台英國際商務法律事務所
出　　　版／商周出版　臺北市中山區民生東路二段141號9樓
　　　　　　電話：(02)2500-7008　傳真：(02)2500-7759
　　　　　　E-mail：bwp.service@cite.com.tw
發　　　行／英屬蓋曼群島商家庭傳媒股份有限公司　城邦分公司
　　　　　　台北市104民生東路二段141號2樓
　　　　　　電話：(02)2500-0888　傳真：(02)2500-1938
　　　　　　讀者服務專線：0800-020-299　24小時傳真服務：(02)2517-0999
　　　　　　讀者服務信箱：service@readingclub.com.tw
　　　　　　劃撥帳號：19833503
　　　　　　戶名：英屬蓋曼群島商家庭傳媒股份有限公司城邦分公司
香港發行所／城邦(香港)出版集團有限公司
　　　　　　香港灣仔駱克道193號東超商業中心1樓
　　　　　　電話：(825)2508-6231　傳真：(852)2578-9337
　　　　　　E-mail：hkcite@biznetvigator.com
馬新發行所／城邦(馬新)出版集團
　　　　　　Cite (M) Sdn Bhd
　　　　　　41, Jalan Radin Anum, Bandar Baru Sri Petaling,
　　　　　　57000 Kuala Lumpur, Malaysia.
　　　　　　電話：(603)9057-8822　傳真：(603)9057-6622　email: cite@cite.com.my

封面設計／黃宏穎　內文設計暨排版／無私設計・洪偉傑　印刷／韋懋實業有限公司
經銷商／聯合發行股份有限公司　電話：(02)2917-8022　傳真：(02) 2911-0053
　　　　地址：新北市231新店區寶橋路235巷6弄6號2樓

ISBN／978-626-318-715-3 (紙本)　978-626-318-721-4 (EPUB)
定價／400元 (紙本)　280元 (EPUB)

國家圖書館出版品預行編目(CIP)數據

從尬聊到穩交：臉書御用心理師的網聊神技,讓你輕鬆
把對方的心聊走!(附百則情境對話範例)/蜜米.溫斯柏
格(Dr. Mimi Winsberg)著；陳依萍譯. -- 初版. -- 臺北
市：商周出版：英屬蓋曼群島商家庭傳媒股份有限公司
城邦分公司發行, 2023.07
　　面；　公分. -- (商周其他系列；BO0346)
譯自：Speaking in thumbs: a psychiatrist decodes
your relationship texts so you don't have to
ISBN 978-626-318-715-3 (平裝)
1.CST: 兩性關係 2.CST: 兩性溝通 3.CST: 網路社群
544.7　　　　　　　　　　　　　　112007648

版權所有・翻印必究（Printed in Taiwan）

2023年7月初版
Copyright © 2021 by Dr. Mimi Winsberg
Published by arrangement with The Ross Yoon Agency, through The Grayhawk Agency.
Complex Chinese translation copyright © 2023 by Business Weekly Publications,
a division of Cite Publishing Ltd.
All Rights Reserved.

城邦讀書花園
www.cite.com.tw